Em dic Nicòstrat

Òscar Vendrell Corrons

Primera edició, maig de 2010
© Marta Mas Prats i Albert Vilagrasa Grandia, 2010,
per la direcció de la col·lecció
© Òscar Vendrell Corrons, 2010, pel text
© Pep Brocal, 2010, per les il·lustracions
Disseny: Blanca Hernández

La propietat d'aquesta edició és de
Publicacions de l'Abadia de Montserrat.
Ausiàs Marc, 92-98, 08013 Barcelona

ISBN: 978-84-9883-259-4
Dipòsit legal: B.14.890-2010
Imprès a Tallers Gràfics Soler, S.A.
Enric Morera, 15, 08950 Esplugues de Llobregat

Capítol 1

El preu de l'amistat

—Va, Rut, va! Que ja són gairebé les dues i són molt puntuals!

—Sí, sí, però per què no m'ajudes una mica?

—A fer el dinar? No en sé jo!

—I si passes l'aspiradora?

—No puc. Precisament ara fan un partit de bàsquet a la tele.

—Vicenç, sisplau, almenys escombra una mica el menjador!

En Vicenç no sent res. Seu al sofà. Al costat, plegat, hi ha un diari amb un titular: «Vaga a l'aeroport». La Rut prepara una bona amanida catalana. Fa servir un enciam, mig quilo de tomàquets per amanir, dues cebes, un pebrot, dues pastanagues, un cogombre, olives, tonyina, espàrrecs, formatge, pernil dolç i ous. Mmmm! Que bo! Al mateix temps cuina un plat que li surt molt bé, la vedella amb bolets. El seu marit mira amb interès un partit de bàsquet entre la Penya i el Barça. De tant en tant consulta el rellotge. Avui vénen a dinar el seu gran amic Salvador i la seva xicota australiana.

—Rut! Ho tens a punt? Ja són les dues!

Ning-nang! Ning-nang!

—Vaja! Ara que s'acaba el partit! —exclama en Vicenç, que llança el comandament a distància del televisor damunt el sofà—. Ja estàs, Rut? Ja està tot a punt?

—Sí, sí.

En Vicenç obre la porta i somriu. Al davant hi té el seu vell amic d'institut. Té quaranta-cinc anys, com ell, i fa cinc anys que no es veuen. Abans era alt i prim i ros. Un noi maco. En Vicenç pensa que per això tenia tantes xicotes. En Salvador encara és alt, però ara també és gras i ja no té cabells al cap. En només cinc anys! En Vicenç s'adona que una persona pot canviar molt en molt poc temps. I per això, pensa, només té una xicota, que és la noia grassa que hi ha darrere seu i que ara es presenta.

—Hola, bon dia. Sóc la Wendy. Tu ets en Vicenç, oi?

—Hola, Wendy! Sí, sóc en Vicenç. Benvinguda! Passeu, passeu, com a casa vostra!

—On són els nens? Estan bé? —pregunta en Salvador.

—L'Ermengol ha anat a dinar amb uns amics... Ja és un homenet... La petita dorm.

—I la Rut? Oi que es diu Rut, la teva dona? —pregunta la Wendy.

—Sí, sí, és a la cuina. Vés-hi, vés-hi, Wendy, si vols —respon en Vicenç.

—I jo? Que no hi puc anar? —pregunta en Salvador.

—Home! És clar que pots! Però pensa que és territori de dones! He, he, he! Si hi entres segur que en surts amb una escombra! He, he, he!

En Vicenç riu sol. En Salvador mira el seu amic amb cara de sorpresa. La Wendy, que entén i sap parlar idiomes com el català, l'espanyol, el francès i l'àrab, somriu perquè pensa que aquelles paraules d'en Vicenç no poden tenir el significat que li sembla que tenen. Segurament, ho diu en broma i ella no sap captar-ho. A vegades, pensa, se li escapen molts matisos dels idiomes que sap.

Però en Vicenç no és, precisament, un bromista en això. En Salvador se n'adona. Ara la Rut s'avança als convidats i surt de la cuina per saludar-los, i en Vicenç deixa de riure i la mira molt seriós.

—Hola, Salvador! Com estàs?!

—Rut! Quant de temps! Quina alegria! —crida en Salvador—. Mira, et presento la meva xicota, la Wendy.

—Hola, Rut. Com estàs? —diu la Wendy.

—Molt bé, maca! Molt de gust de coneixe't. Passeu al menjador. Dinem de seguida.

—Vols que t'ajudem? —pregunta en Salvador.

—I ara! No cal, no cal, ja gairebé ho tinc a punt.

—Ja vinc a ajudar-te —diu la Wendy, que segueix la Rut.

—Així! Com ha de ser! Les dones a la cuina! Oi, Salva? He, he, he! —en Vicenç ho diu mentre es gira i va cap al sofà. El partit de bàsquet s'està acabant—. Vine, vine, Salva, que això està molt emocionant!

En Salvador no diu res. El mira a distància, dret. Recorda que de jove en Vicenç era força crític amb les noies, però mai no es va adonar d'aquest caràcter tan sexista. I fa setze anys, quan es va casar amb la Rut, tampoc no ho semblava...

—Vols prendre alguna cosa? —li pregunta en Vicenç.

—No, no, gràcies —respon en Salvador.

—Segur que no vols prendre res?

—No, no, gràcies.

—Sí, home, sí, una cervesa!

—Bé, si hi insisteixes...

—Molt bé! Rut! Una cervesa fresca per a en Salvador, sisplau! —des de la cuina se sent com la Rut i la Wendy parlen sense parar.

—Ja la vaig a buscar, no et preocupis —diu en Salvador.

—No, no! Per què? Rut! Ruuuuuuuuuut!

La Rut surt de la cuina enfadada.

—No cridis, Vicenç, que la nena es pot despertar!

—Ai, sí! És veritat! Perdona, estimada. Porta'ns un parell de cerveses, unes patates i unes olivetes farcides d'anxova, sisplau.

—No les pots agafar tu?

—Ara mirem el partit de bàsquet. Ell és del Barça i jo de la Penya, ja ho saps.

La Rut no diu res i ho fa automàticament, com un robot. En Salvador no para de pensar. La seva ment busca proves en el passat d'aquella manera de ser del seu amic. Ara li ve una imatge: el pare d'en Vicenç sempre seia al sofà de casa i mirava la tele. Es recorda de quan eren estudiants i, de tant en tant, anava a casa seva per estudiar o per passar l'estona. En canvi, la seva mare, curiosament, i ara se n'adona, sempre escombrava, o rentava els plats, o treia la pols, o posava rentadores o... I ell que cridava: «Porta'm una cervesa!» o «Has d'anar a comprar piles per al comandament a distància!» o...

—Aquí ho teniu! —la Rut ho diu una mica empipada. En Vicenç somriu. En Salvador mira a terra perquè se sent culpable.

La Rut se'n va cap a la cuina. Quan ja és a mig camí sent el seu marit.

—Nena, falten els escuradents i els tovallons. Porta'ls, guapa, sisplau.

I la seva dona ho fa sense dir res.

Al cap d'una estona, la Rut i la Wendy surten de la cuina amb quatre plats plens d'amanida catalana. El partit de bàsquet s'acaba just en aquell moment.

—Tots a dinar! Podeu seure a taula! —crida la Rut.
—Ja era hora! —diu en Vicenç, seriós—. És una mica lenta! —diu a en Salvador en veu baixa.
—Gràcies, Rut —diu en Salvador sense fer cas del seu amic.

En Salvador beu una mica de cervesa. En Vicenç li diu alguna cosa i somriu mentre són a taula. Però en Salvador no sent res. Només recorda, ara, quan van conviure amb tres nois més en un pis d'estudiants. Al començament, van preparar una llista per organitzar bé les feines del pis. Cadascú en feia una o més d'una a la setmana. I tots van fer tot el que els corresponia menys un: ell, en Vicenç. Ell mai no va entrar a la cuina. I en un any potser va netejar el lavabo una vegada. Potser va passar l'aspiradora dos cops... i malament... I, és clar, ara se n'adona, potser per això els companys de pis van deixar de ser simpàtics amb ells i van marxar.

—I què, Salvador, com vas conèixer la Wendy? Et feia de cangur?! He, he, he! Com que és australiana! He, he, he! —en Vicenç vol fer riure, però només riu ell.
—Doncs, no. És periodista. Ens vam conèixer perquè l'any passat

vaig anar a Sydney a escriure un article sobre el canvi climàtic.

—Ah, però així... la Wendy... treballa? De debò? —en Vicenç ho pregunta seriós.

—Sí, és clar.

—Ah, ja! És clar, només és un rotllo, oi?

En Vicenç fa que sí amb el cap mentre somriu i mastega enciam. A en Salvador no li agrada el que diu. La Wendy es pensa que no entén res i que necessita fer més cursos de català i estudiar el llenguatge dels gestos dels catalans. La Rut no pensa res perquè està acostumada als comentaris desafortunats d'en Vicenç.

Ara en Salvador recorda que quan van marxar els companys de pis en Vicenç li va dir que volia compartir pis amb noies estudiants. Per les feines del pis. «Cuinen bé, saben fregar... Ja vénen ensenyades de casa», va dir. Ell es pensava que en Vicenç ho deia perquè volia lligar. Però ara s'adona que no.

—I què vols dir? —diu en Salvador, nerviós—. Que no poden treballar, les dones?!

—Salva, és clar que sí, home. I tant que sí! Però a casa.

En Salvador es queda parat. Li vol dir que s'equivoca moltíssim, però no ho fa perquè són amics. No vol discutir-hi. Té por de perdre la seva amistat.

—Nena —diu ara en Vicenç girant-se cap a la seva dona—, aquesta amanida és dolentíssima. Porta'm una mica de sal, sisplau!

La Rut deixa la forquilla, s'aixeca de la cadira, corre cap a la cuina. La Wendy treu d'una butxaca un diccionari petit i comença a buscar-hi paraules. En Vicenç s'acosta a una orella d'en Salvador i li diu:

—Jo no concebo una dona fora de casa, amic meu. Pensa que l'alliberament femení el van inventar alguns empresaris quan necessitaven treballadores barates. Per això les dones que treballen en general cobren menys que els homes. Creu-me. Tot és un invent. I les dones, en el fons, només són felices a casa, al costat del seu marit.

CAPÍTOL 2

Juanito

—I, de fet, som aquí perquè us volem convidar al nostre casament. D'aquí a sis mesos —diu en Salvador.

—Ai, que bé! Moltes felicitats! —crida la Rut, que s'aixeca de la cadira i els fa dos petons.

—Sí, felicitats! —diu en Vicenç, que no s'ho esperava.

—Gràcies. La Wendy i jo som, realment, molt i molt feliços —diu en Salvador mentre mira la Wendy amb una llàgrima als ulls.

—Ai, que bonic! —diu la Rut.

—Escolta, Salva... —diu en Vicenç—, però tu no deies sempre que no et volies casar?

—Sí, és cert, però pensa que quan ho deia no coneixia la Wendy... L'estimo tant... —diu mentre es gira i mira la seva xicota.

—I jo a tu, petitó —diu la Wendy, amb els ulls brillants.

—Jo vull compartir la vida amb tu! —diu en Salvador amb cara d'enamorat.

—I jo les il·lusions, el futur! —exclama la Wendy, dolça. La Rut somriu. En Vicenç obre molt els ulls.

La Rut va cap a la cuina. La Wendy l'acompanya. En Vicenç mira fixament en Salvador.

—Què passa? —diu en Salvador.

—Salva, una pregunta: també voleu compartir pis?

—Home, és clar, tampoc no és qüestió de viure separats, cadascú a casa seva!

—No, no, no vull dir això. Vull dir si el voleu comprar entre tots dos.

—Doncs sí. A parts iguals.

—Buf! L'has de comprar tu! Ets l'home de la casa! A més, si mai va malament, ella se'n va fora i tu et quedes al pis!

—Home, Vicenç, ets una mica...

—Realista, amic meu. Sóc realista. Creu-me: el matrimoni i l'amor no són compatibles. A la teva edat ja ho has de saber, això!

Mentrestant, a la cuina, la Rut abraça la Wendy.

—Estic molt contenta per vosaltres. Esteu tan enamorats! —diu la Rut mentre mira la vedella amb bolets.

—Sí. Ens estimem molt —diu la Wendy.

—El dia que em vaig casar va ser el més feliç de la meva vida.

—És molt bonic, oi?

—Sí. Molt. Però el més difícil ve després.

—Què vols dir?

—Després, la convivència... En Vicenç és una mica especial. Fa anys, abans de casar-nos, era molt bo amb mi, fins i tot m'escrivia cartes...

—D'amor?

—No. Cartes normals. Però m'escrivia. I deia que volia el millor per a mi.

—Ah. Molt bé, no?

—Sí. El problema és que, segons el seu parer, el millor per a mi és ser la seva criada. No ho diu així! És clar! Però ho pensa! I n'estic tipa. N'estic tipa!

La Wendy no sap què dir. Se sent incòmoda perquè tot just acaba de conèixer aquella dona i ja li confessa coses ben problemàtiques. La Wendy ara s'adona clarament que ella no té cap problema de comprensió del català. Qui té un problema, i greu, és la seva amfitriona.

Mentrestant, al menjador en Salvador parla per explicar el seu amor pur.

—Però, Vicenç, jo vull portar-li l'esmorzar al llit fins a la mort —diu en Salvador—. Vull omplir la seva vida de felicitat, d'alegria, de companyia, de regals, de sorpreses...

En Vicenç l'escolta i no l'escolta. Mira com en Salvador obre i tanca la boca i diu paraules. Veu un home dèbil. El considera tou amb les dones, però no l'hi vol dir perquè és el seu amic. Ara pensa que això deu venir-li de família. Recorda que fa anys, una vegada que va anar a casa seva, per estudiar o passar l'estona, hi va veure el seu pare rentant els plats. Va ser una imatge terrible que encara avui no pot oblidar. Un home a la cuina cara a cara amb el Mistol. Un fregall. L'aigua de l'aixeta. Un munt de plats bruts. Restes d'aliments...

La Rut i la Wendy tornen al menjador amb la vedella amb bolets. La Rut omple els plats. Ara els convidats la miren en silenci. En Vicenç encara pensa en el passat. Ara recorda que en una altra ocasió hi havia una senyora desconeguda a casa d'en Salvador. «Qui és?», va preguntar en Vicenç. «La senyora de fer feines», va respondre en Salvador. «La teva mare?», va dir l'un. «No, home, no, és una senyora que ens neteja una mica la casa. Li paguem uns diners i ve un cop a la setmana», va contestar l'altre. «Que està malalta, la teva mare?». «No, cada dijous surt amb les amigues». En Vicenç es va quedar amb la boca oberta. El seu cervell, aturat.

—Bon profit! Espero que us agradi! —exclama la Rut.
—Té molt bona pinta! —diu en Salvador.
—Segur que és boníssim! —diu la Wendy.

En Vicenç recorda ara que en Salvador, de jove, comprava a les seves xicotes tot el que elles volien. Recorda perfectament la noia danesa, alta i rossa, que sempre volia anar a sopar a restaurants; i la italiana, tan simpàtica, que només volia viatjar i viatjar; i l'anglesa, que gairebé no deia mai res, però que sempre demanava colònies i perfums; i la noia d'Eivissa, que ho volia tot quan anava a uns grans magatzems... I sempre pagava en Salvador. Per això a vegades no tenia diners quan sortien a sopar o a fer una copa. Ara pensa que en Salvador es deixa dominar per les dones. No li diu res, però. Té por de perdre la seva amistat.

—Hola!

Una nena petita, però no gaire petita, entra al menjador.

—Mireu qui tenim, aquí! —exclama la Rut, que somriu i l'abraça.

—Hola, Martina! —diu en Salvador—. Ets molt gran!

—Sí, ja té set anys —diu en Vicenç, seriós—. Te'n recordes, del Salvador, Martina? —diu girant-se cap a la seva filla.

—No.

—És clar, només tenia dos anys! —diu el Salvador.

—Hola, sóc la Wendy!

—Hola! —la Martina els mira i somriu; després es gira cap a la seva mare—. Mama, tinc gana!

—Vine, filla, vine.

La Rut es descorda la brusa i deixa un pit al descobert. En Salvador i la Wendy obren la boca. En Vicenç menja vedella. La Martina seu a la falda de la mare i comença a xuclar del pit.

—No em mireu així. La llet materna és el millor que hi ha! Un nen la necessita per créixer sa i fort! Les dones que no ho fan són unes irresponsables.

—Però hi ha dones que no tenen llet... —diu la Wendy.

—Les mares que no donen el pit als seus fills és perquè no volen. Totes les dones tenen llet si ho desitgen. Només els falta les ganes de fer-ho! —explica la Rut.

Si bé no hi entén, a en Salvador li sembla que la nena potser ja és massa gran per mamar. Però no diu res. No vol perdre cap amistat. La Wendy té un fill d'un matrimoni anterior i no li va donar el pit. Hi està d'acord, la llet de la mare és la millor, però ella no és cap irresponsable. Perquè, tot i que ho va intentar, amb esforç i patiment, no tenia prou llet i li va donar el biberó. Ara vol dir a la Rut que s'equivoca, que és injusta, que les seves paraules ofenen, però no ho fa. No vol fer perdre cap amistat al seu futur marit.

—I què, Rut, com estàs, tu? Bé? —en Salvador diu alguna cosa per trencar el silenci. De fet, el silenci acompanyat del soroll de la nena, que xucla amb força.

—Xrrup, xrrup —fa la Martina.

—Que no la veus!? És la reina de la casa! —exclama en Vicenç, que riu.

—Sí, anar fent —contesta la Rut—. Però tinc molta feina. Amb els nens i tot plegat...

—Xrrup, xrrup.

—El pis és petit, Rut! No sé per què sempre et queixes! —diu en Vicenç.

—Però es fa gran quan hi ha tanta feina! —exclama la Rut.

—Té raó. Sembla que no, però sempre hi ha coses per fer... Nosaltres ens dividim les feines de la casa i sempre ens falta temps per acabar-ho tot —diu la Wendy.

—Xrrup, xrrup.

—Us dividiu... la feina... de la casa... tots dos? —pregunta en Vicenç, horroritzat.

—De fet, no totes. Algunes feines només les fa ella i altres les faig jo. La Wendy és qui planxa sempre, perquè jo no en sé gens, però a canvi jo vaig a comprar el menjar al mercat —diu en Salvador.

—Tu vas a comprar? Amb un carretó d'aquells d'anar a comprar? Al mercat? Amb tot de dones? —en Vicenç es posa una mica nerviós.

—Sí. Però també hi ha homes, eh?

—No pot ser —diu en Vicenç per a ell mateix, en veu baixa.

—Xrrup, xrrup.

A en Vicenç li costa entendre tots aquells conceptes. Li sembla que en Salvador parla en una altra llengua. Ara sí, pensa, un dia ha de tenir una conversa amb el seu amic. Això no pot ser. És un noi sensible, idealista, simpàtic que, ara ho veu, és boig.

—Xrrup, xrrup.

—Ah! Salvador! Per què no els expliques allò del Juanito? Potser la Rut en vol un! —diu la Wendy.

—Sí, sí, és veritat —diu en Salvador mirant la seva futura dona; després es gira i mira la Rut—. Últimament anem més descansats. Ens vam comprar en Juanito.

—En Juanito?! —preguntem la Rut i en Vicenç alhora.

—Xrrup, xrrup.

—Ai, sí, perdoneu, he, he, he!, Juanito no és el seu nom, és com li diem nosaltres. És un robot aspiradora. Va molt bé. Es programa i va per tot el pis a unes hores determinades. Ho deixa tot molt net.

—Això deu anar molt bé si tens nens petits! —diu la Rut, contenta.

—És clar —diu la Wendy.

—Pots comptar! —exclama en Vicenç.

—Que sí, que sí, Vicenç! Que val la pena tenir-ne un! —diu en Salvador.

—Xrrup, xrrup.

—Glup, glup —fa en Salvador, que s'empassa l'últim tall de vedella.

—Hem! Hem! —fa en Vicenç, que ara té tos.

—Clinc! —fa la Wendy en deixar el ganivet i la forquilla dins el plat.

—Espereu-vos un moment! Vaig a buscar les postres i en parlem amb calma! —crida la Rut, il·lusionada.

La Martina deixa de xuclar i corre cap al sofà del menjador. S'hi asseu. La Rut se'n va cap a la cuina. Al cap d'un moment, en torna amb plats petits i culleretes. Després fa un segon viatge i porta un pastís.

Mentre la Rut talla el pastís i en serveix un tall a cadascú, la Wendy reprèn la conversa. Comença a explicar els avantatges del robot. En Salvador somriu i hi afegeix dades. En Vicenç escolta, seriós.

—Ai! Quina meravella! Vull un robot, Vicenç! —diu la Rut, de cop i volta, mirant amb cara d'amor el seu marit.

—Però... tu passes molt bé l'aspiradora...

—El robot és millor! Ja sents què diuen!

—Sí, sí, és fantàstic —diu la Wendy.

—Increïble —hi afegeix en Salvador.

—Mmmm... Però i si t'avorreixes? A tu t'agrada molt passar l'aspiradora! I si te'l compro, què fas llavors? No, no, més val que no...

La Rut abaixa la mirada. No sap què dir. De fet, sí que ho sap, però ja fa anys que calla. Però en Salvador i la Wendy, no. Ara no poden callar.

—Pensa que... —en Salvador mira la Rut i li fa l'ullet un instant mentre somriu, després mira ràpidament en Vicenç i es posa seriós— mentre el robot aspira ella té temps de fer altres coses a casa.

—És clar —diu la Wendy—, pot cuinar més i millor, per exemple.

—Ah! Això està bé —diu en Vicenç.

—Sí. Puc cuinar plats d'aquells tan elaborats i bons que presenten a la tele! —diu la Rut.

—Home, no és mala idea. Necessito una mica de cuina elaborada, jo... Mmmm... Bé, d'acord... per què no...? —diu en Vicenç.

—Visca! I si anem avui a la tarda a comprar-lo? —pregunta la Rut, il·lusionada.

—No, no en tinc ganes. A més, no cal córrer tant. Si tinc un moment, un dia, en sortir de la feina, vaig a una botiga i el compro.

—Es compra per Internet.

La paraules d'en Salvador són com l'oli d'oliva que cau damunt el cap d'en Vicenç, que és com un tros d'enciam atrapat ara en una amanida.

—Si teniu Internet podem fer-ho ara! —exclama, intel·ligent, la Wendy.

—Sí, en tenim —diu la Rut, que somriu.

—Sí, sí... Que és gaire car, el robot? —pregunta en Vicenç fent un darrer intent desesperat per evitar l'inevitable.

—Que no et guanyes bé la vida, tu? —pregunta en Salvador.

—Sí, és clar, però és que...

—És una bona inversió —diu en Salvador.

—És un encert —diu la Wendy.

—Si el comprem... puc cuinar plats molt i molt bons, Vicenç... —diu la Rut.

A en Vicenç li agrada molt menjar bé i no s'hi pensa més. No pot dir que no. S'aixeca de la cadira. Mira la seva dona. Mira els convidats.

—Veniu. Anem a l'ordinador.

QUINZE DIES DESPRÉS

CAPÍTOL 3

El número dinou

És el número dinou. Ni el dos, ni el deu, ni el vint. El dinou:

NOM I COGNOMS: Manel Vila Vulpellac
EDAT: 37 anys
NACIONALITAT: català
ESTUDIS: filòsof
LLENGÜES QUE PARLA: català, espanyol i anglès
ACTIVITAT LABORAL: treballador de terra de l'aeroport des de fa deu anys, però demà es queda sense feina.
AFICIONS: sobretot jugar amb el seu fill, que té tres anys.

ACOMIADAT

Ell es diu Vila. Però també hi ha una Garcia, de Barcelona. Un Fernández, de Sant Joan Despí. I també un Escobar, un Halim i una Roca. I més. Fins a vint persones demà se'n van al carrer. I ell és el dinou de la llista per ordre alfabètic, perquè el vint es diu Xandri.

En Vila Vulpellac es lleva cada dia a les set del matí. Es dutxa. Esmorza a la cuina de casa. Agafa el cotxe. Porta el seu fill a l'escola. Se'n va cap a l'aeroport. Comença a treballar: carrega i descarrega maletes i paquets de tota mena... Al migdia dina i fuma dos cigarrets seguits. Sap que fumar mata, però ho fa igualment. Després, abans de tornar a treballar, camina per les terminals de l'aeroport. Hi ha molta gent. Sempre. Ara veu una dona que s'abraça a la seva mare i presenta un home: «Aquest és el meu marit, en Richard». Una noia que dóna la mà a una parella de vells: «Estic contenta de veure-us, diu. Necessitava conèixer els meus pares». I un noi que diu a un home gran: «No, la Simone no ve. Em va deixar». I encara uns quants homes i dones ben vestits que se saluden amb un somriure fals: «Sr. Catasús, Sra. Majoral, els presento la directora de la multinacional, la Sra. Johnson, i el director de vendes, el Sr. Romero». «Encantat». «Molt de gust». «És un plaer». «Igualment».

El número dinou, en Vila Vulpellac, contempla l'escena amb dolor. S'imagina el cap de la seva empresa en una sala, amb altres executius, assegut davant una taula llarga, fa uns quants dies. Al damunt, un got i una ampolleta d'aigua, un munt de papers, bolígrafs i llapis. Decideixen el futur dels treballadors. Parlen bastant i arriben a la conclusió següent: «Menys diners, menys treballadors». De tant en tant, somriuen. Són set executius i executives i el cap. Hi ha un Garcia, un Jiménez, una González, una Ferrandis i un Wood. I també una Puig, de Girona, un Pimentel, tarragoní, i finalment un Müller, alemany. La solució que adopten és aquesta: un ERO, és a dir, un expedient de regulació d'ocupació; és a dir, uns quants treballadors cap a casa, en aquest cas vint, perquè ara sobren. La vida és així.

O més aviat, el sistema és així: quan l'empresa va bastant bé, es fan servir els treballadors per fer créixer l'empresa. Quan l'empresa va molt i molt bé, s'utilitzen els treballadors per guanyar molts i molts diners. I quan hi ha crisi, adéu, que molesteu.

Això no ho fan totes les empreses, però aquesta, sí.

La reunió d'executius s'acaba. Se'n van tots a fer un bon dinar. Conviden una altra persona. Es diu Gelpí. Viu a les Borges Blanques, però és de Mollerussa. Demà comença a buscar pis a Barcelona, una ciutat que no coneix perquè no surt mai de les terres de Lleida. I ho fa perquè, si bé l'empresa posa en marxa un ERO, es decideix que necessiten un altre executiu, el de Relacions Exteriors Mundials. Un home maco i alt i ros que parla català i espanyol, i que té nocions d'anglès. No sap ni com sona el francès o l'alemany, ni l'àrab ni el xinès. Però l'assessoren traductors i intèrprets. I té l'oncle dins l'empresa. I és que cal tenir en compte que molts executius no són treballadors normals. Alguns a la tarda no treballen. Altres, mai.

En Vila Vulpellac, el número dinou de l'ERO, pensa tot això i no sap que l'escena s'assembla bastant a la realitat que va tenir lloc fa uns dies. Ara se'n va cap a les pistes. És la darrera tarda de feina. Està enfadat. Com tots els treballadors. Les vagues de la setmana passada no van servir de res. I les de l'altra, tampoc. I avui descarrega maletes i paquets per última vegada, amb la ràbia que li corre pel cos.

Fins ara, a la tarda, en sortir de la feina, anava cap a casa per jugar amb el seu fill, que és el que més li agrada. O bé anava al gimnàs perquè li encanta fer esport. I a la nit, després de sopar, llegia algun llibre o bé escoltava música. Avui és dimecres, l'últim dia, i a partir de demà, res de res. L'atur. Tot el temps del món per a ell. És el final d'una rutina de fa deu anys. Hores i hores i hores buides. I despeses. Sense ingressos. «On es pot trobar feina avui dia?», es pregunta.

A mitja tarda arriba un avió nord-americà a l'aeroport. En Vila Vulpellac és al costat d'un company de feina i bon amic seu, l'Escobar Correa, número quatre de l'ERO. El cap del número dinou i del número quatre diu: «Descarregueu-lo vosaltres dos, que sou els millors! I amb molt de compte, eh!?».

A en Vila Vulpellac li sembla una burla això de dir «que sou els millors» l'últim dia de feina. No és una burla, perquè el seu cap sempre diu que són els millors i avui no se n'adona i també ho fa. Però molesta, això. Ves per on, el cap no el fan fora. Fer fora algú significa acomiadar-lo, enviar-lo cap a casa, deixar-lo en situació d'atur. I, és clar, en aquest procés, habitualment, l'empresa és el més important i la persona acomiadada, una petita anècdota.

En Vila Vulpellac i l'Escobar Correa callen i pensen més o menys això mentre van cap a l'avió, que acaba d'arribar. De cop, el número dinou s'atura i diu al número quatre:

—Dani, què et sembla si ens ho passem bé una estona?
—Què vols dir? —diu l'Escobar Correa.
—Tinc una idea.
—Ui, em feu por, tu i les teves idees...
—Tranquil, no és cap cosa estranya. L'únic que vull és que aquests ximples es recordin una mica de nosaltres.

CAPÍTOL 4

Un altre model

Un home que es diu Fernando surt de la furgoneta. Mira un edifici. Es fixa en el número que hi ha al costat de la porta. És el 16 de la rambla de Dalt.

—Quim. És aquí. Vinga, som-hi, anem de pressa, que hem de repartir més coses.

En Quim diu que sí. Baixa de la furgoneta. Mira l'edifici. És un bloc de pisos com qualsevol altre, però petit. I també és un món en petit, perquè hi ha gent de tota mena. Per exemple, ara surt per la porta de la finca una noia soltera, molt maca, que viu al primer primera i que mira en Quim amb curiositat. Va néixer a Tremp fa vint-i-cinc anys, és àries, i li agrada viatjar amb amics i amigues. Mai no va conèixer un dels seus avis perquè ell no en volia saber res, d'aquesta néta. Però no té cap mena de trauma: viu feliç.

—Ajuda'm a descarregar el paquet, Quim —diu en Fernando.

Però en Quim ara té els ulls clavats en la noia, que camina pel carrer i que també el mira a ell girant el cap enrere. A en Quim li costa tornar al món real perquè nota que, de cop i volta, la fletxa de Cupido, com un raig làser invisible, es fica dins el seu cor.

—Quim! Què et passa? —en Fernando el mira, nerviós perquè tenen molta feina per fer.

Però en Quim, tot i que encara respira, que encara hi veu, que encara hi sent, no es mou ni diu res. La noia s'atura, es gira i el mira amb més atenció i somriu. I ara també riu, aixeca la mà i el saluda. En Quim no s'ho pot creure. També riu i fa que sí amb el cap i es posa vermell com un tomàquet. I llavors: neix l'amor, que corre pel seu cos. I llavors: sent que la seva vida és ella. I llavors: s'hi vol casar i anar-se'n de viatge de noces. I llavors: vol anar a viure a un pis gran i bonic. I llavors: vol tenir-hi un fill. I llavors… i llavors… La noia es gira i se'n va.

—Eeeeeeeeeeh! Quiiiiim! Va, que tenim feina! —en Fernando crida molt i en Quim es gira i diu que sí amb ulls d'enamorat.

El que no veu en Quim és que hi ha un noi que mira per una finestra just a l'edifici que té al darrere. La noia saludava aquest noi, que vol ser el seu xicot. De fet, aquesta noia i aquest noi s'agraden, i per això sempre que es veuen somriuen i se saluden, i fan gestos de broma.

Mentre en Fernando i en Quim piquen a l'intèrfon al tercer quarta, surt per la porta de l'edifici una dona gran, la veïna que viu al segon primera, just al pis de sobre del de la noia que en Quim estima. És rondinaire i irritable. Ells li diuen «Bon dia, senyora» i ella els respon: «Cagunlolla!, no volem publicitat comercial!», i se'n va enfadada cap al mercat. Al cap d'un moment apareix un home, que surt corrent amb un carret.

—Espera'm, estimada! Ja vinc! —crida el vell.

Just llavors.

—Síííííí? —respon una veu de dona per l'intèrfon.
—La senyora Fontanilles? —diu en Fernando.
—Sí, sóc jo.
—Li portem el robot.
—Ah! Que bé! Endavant!

Zzzzzzzzzzzzzzz.

En Quim sent el soroll de l'intèrfon i obre la porta. Agafen el paquet, que no pesa gaire, però que tampoc pesa poc. Entren a l'edifici i van cap a l'ascensor. Es troben dos nens petits i els seus pares. Són els veïns del segon segona. Són molt tímids. Quan veuen en Fernando i en Quim, pares i fills miren a terra i només diuen un «Adéu» molt fluixet, que gairebé no se sent.

Dins l'ascensor es troben un home que fa cara de cansat. Treballa de nits en un negoci misteriós. És misteriós perquè, de fet, ningú no sap de què treballa. No és cambrer de bingo. Ni guàrdia de seguretat d'una discoteca. Ni conductor del camió de les escombraries. L'única cosa que saben els veïns és el que veuen: sovint el troben a l'ascensor al matí, a vegades a primera hora a vegades més tard, anant cap a casa. I sempre va despentinat i llavors treu una pinta d'una butxaca i es pentina.

* * *

Una de les coses bones d'aquest país és el Parc Tecnològic del Vallès, un complex on hi ha moltes empreses i persones que es dediquen a investigar pensant en el futur de la humanitat. En Ramon Rabell és una d'aquestes persones. Avui, com cada dissabte al matí, es lleva a les nou. Es dutxa i canta —força malament—. Menja una llesca de pa torrat amb tomàquet per esmorzar. Li agrada fer esport, sobretot jugar a bàsquet, i avui té un partit a les dotze del migdia amb uns amics. Ara prepara la bossa d'esport, però li truquen per telèfon.

—Ramon! —diu la Pili, la seva companya a l'oficina, que fa d'informàtica, parla més de tres llengües, dorm més de vuit hores seguides i menja moltes avellanes al dia.
—Ei! Què hi ha! Cap novetat?
—Sí. Vine. De pressa. Ja és aquí.
—D'acord. Vinc de seguida.

En Ramon Rabell penja el telèfon. Es queda parat. Té la boca oberta i els ulls molt oberts. Li suen les mans. Comença a caminar d'un cantó a l'altre de la casa. Agafa la jaqueta. Les ulleres. La targeta del bus. Surt al carrer. Quan ja és a la parada de l'autobús s'adona que porta sabatilles. Torna a casa. Es posa les sabates. Surt al carrer. Espera l'autobús, que tarda molt. L'agafa. Va directe de Barcelona al Parc. El vehicle té una avaria a mig camí i queda aturat. Passa més de mitja hora fins que no arriba l'altre. Finalment, en Ramon Rabell arriba al Parc Tecnològic del Vallès i saluda la Pili, que està nerviosa, i li diu:

—Vés a la sala de vidre. Afanya't.

En Ramon Rabell diu que sí i comença a caminar de pressa. Passa per un passadís, i ara per un altre; ara a la dreta hi ha una sala de reunions, ara a l'esquerra hi ha una màquina de cafès; i un altre passadís, més passadissos, molts passadissos. Però finalment arriba a una sala molt especial. És fosca, però no és cap lloc ni corrupte ni viciós. Al fons de la sala hi ha uns vidres gruixuts com parets, a través dels quals quatre persones, vestides amb una bata blanca, miren el que hi ha en una altra sala.

En Ramon Rabell, que és maco i alt i fort i trempat, i a més enginyer de sistemes informàtics i comunicació, saluda la Gemma, que pensa: «T'estimo». Saluda en Macià, que pensa: «Ja era hora». Saluda en Magí, que pensa: «T'odio». Saluda la Mar, que no pensa. Després, fa com els altres: mira, en silenci, l'altra sala, la que es veu a través dels vidres. És buida i està molt il·luminada. Només hi ha una cosa al mig. És un objecte circular. Molt petit. De color blanc i negre.

Passen cinc minuts. Finalment, en Ramon Rabell trenca el silenci.

—I, doncs, fa gaire que és aquí?

Nom i cognoms Gemma Carrasco Miralpeix
Edat 36 anys
Nacionalitat Catalana, del Garraf
Estudis Astrònoma
Llengües que parla A més del català i del castellà, parla l'anglès britànic, l'anglès nord-americà i l'anglès australià.
Aficions Si bé és molt seriosa i respectada com a científica, ningú no sap que dia sí dia també es toca amb els dits l'interior del nas i que, des que es va divorciar, dorm amb un ninot d'en Winnie the Pooh.

En Macià Falgar és de Castellfollit de la Roca, un home de 45 anys, casat i amb tres fills. Tant els seus pares com els seus sogres viuen amb ell. Encara que en Macià és especialista en robòtica, astrofísica i lògica matemàtica, els seus pares i els seus sogres sempre tenen raó en tot. Quan, després d'explicar-li com és i com va la vida, li pregunten: «I tu, què hi dius», ell no diu res. Sap perfectament que el que importa és el fons i no la forma del que li diuen, i que no cal discutir per segons quines coses. En canvi, a la feina sí que sempre hi diu la seva. Sempre. És el més intel·ligent, el més responsable, el més amable i idealista del Parc.

—Des d'aquest matí —respon la Gemma.

—Fa dues hores que l'observem —diu en Magí.

—No es mou gens —diu la Mar.

—I això és ben estrany —diu en Macià.

—Per què? —pregunta en Ramon Rabell.

—Perquè té un cor d'energia nuclear. No cal tocar-lo ni fer res amb un ordinador per fer-lo funcionar. Té vida pròpia —respon en Macià.

—Vida pròpia? De veritat? —diu en Ramon Rabell.

—Sí. I no ho entenc! Està ben parat! —exclama en Macià.

—Està espatllat? —diu la Mar.

—Entrem i el toquem amb un peu? —pregunta en Magí.

—I si té un botó secret? —diu la Gemma.

—No. No vull fer res. Els dissenyadors diuen que, entre altres coses, és una màquina de matar. Hem d'esperar-los. Ells saben com va. Mentrestant, l'observem i punt. A veure si belluga —diu en Macià.

—Quan vénen, els americans? —pregunta en Ramon Rabell.

—Dilluns al matí.

En Magí Alerm, de Reus, és enginyer industrial. Com que és solter i vol tenir parella, ahir va escriure aquest anunci per a un web per fer amistats:

Sóc en Magí Alerm, un noi optimista i independent. També sóc verge, ascendent sagitari. Bastant maco (n'hi ha de pitjors). Tinc 33 anys. Peso 75 kg i faig 1,75 m d'alçada. És a dir, el meu índex de massa corporal és bo, però encara puc millorar, eh! M'agrada molt anar al cinema a veure pel·lícules romàntiques, llegir llibres d'autoajuda i escoltar música dels vuitanta. Si em vols conèixer truca'm al mòbil 6501516... o envia'm un missatge de correu electrònic.

La Mar Nin va néixer prematurament a Sitges, dins un quiosc. La seva mare va tenir dolors de part de cop i volta i va parir entre diaris i revistes. Potser per això, i perquè el primer que va veure va ser la coberta d'un llibre d'en Sebastià Serrano, catedràtic de lingüística general i teoria de la comunicació de la Universitat de Barcelona, va estudiar filologia catalana i es va especialitzar en el llenguatge dels gestos, de tot allò que expressem amb les mans, els ulls, la boca, les celles, les orelles (hi ha gent que sap moure les orelles)... Per això, la Mar gairebé mai no es belluga i quan es mou ho fa com un robot.

La seva missió aquí, precisament, és estudiar el comportament d'un robot experimental, un robot que, pel que diuen, és un autèntic ésser viu.

Quan en Fernando i en Quim pugen a l'ascensor, aquell home s'espanta i amaga a una butxaca una cosa que agafa amb una mà. En Quim no s'adona de res perquè prem el número tres per anar al tercer pis, però en Fernando el mira estranyat mentre l'home, que va molt despentinat, somriu una mica i comença a pentinar-se amb una pinta els cabells tenyits de ros.

En sortir de l'ascensor la Rut Fontanilles els espera al replà de l'escala. Obre la porta de casa. Hi ha l'Ermengol, el seu fill de catorze anys, i la Martina, que està molt contenta perquè té moltes ganes de veure el robot. En Vicenç és al saló recreatiu, davant una màquina escurabutxaques.

—No sabia que repartien els dissabtes al matí —diu la Rut.
—I a la tarda també, senyora. Dilluns, dimarts, dimecres, dijous, divendres i dissabte treballem les 24 hores. Sempre al seu servei... menys els diumenges, que descansem —respon en Fernando.

En Fernando i en Quim deixen al menjador una caixa que fa 1,60 metres d'alçada i 1 metre d'amplada. Se'n van de pressa, sense treure el robot de la caixa.

—Quin servei tan dolent! —exclama la Rut—. Em pensava que el treien de la caixa i que explicaven com funcionava. Bé que ho deia a la pàgina d'Internet!
—Això és igual, mare! Si deu tenir instruccions! —diu l'Ermengol.
—Obrim-lo! Obrim-lo! Va! —crida la Martina.

I llavors ho fan. A poc a poc, entre tots tres desfan la caixa. Dins hi ha un conjunt de ferros comprimits, amb dos punts vermells.

—Però què és, això? —diu la Rut, ben parada.
—Que lleig! —exclama la Martina.
—Això val 400 euros, mare? —diu l'Ermengol— Quina porqueria!
—I a dins no hi ha instruccions! —exclama la Rut, que mira de trobar a les parets de la caixa o al voltant del robot un manual.

De sobte, el robot es desplega i creix. La Rut, l'Ermengol i la Martina s'espanten i es fan enrere. Ara tenen al davant un androide, és a dir, un robot en forma humana, que fa 1,85 metres d'alçada. Una mena d'esquelet metàl·lic fort amb un cap rodó i dos llums vermells foscos que són els ulls.

—Aaaaaaaah! —criden la Martina i l'Ermengol.

—Enrere, enrere, nens! —crida la Rut, espantada, mentre agafa els seus fills.

Passen els segons i el robot no es torna a moure. A poc a poc la Rut, l'Ermengol i la Martina s'hi acosten i el miren de prop.

—No patiu. Em sembla que està desconnectat —diu la Rut.

—És molt gros, oi? —diu la Martina.

—Molt —respon la Rut, pensativa.

—És com el robot de *Terminator*.

—Sí? —pregunta la Rut.

—Igual. És superguapo! —exclama l'Ermengol.

—Sí, potser sí, però això no és el que vam demanar —diu la Rut al seu fill gran sense deixar de mirar el robot—. Deu ser un altre model. Vaig a mirar-ho.

La Rut ara va cap a l'habitació on tenen l'ordinador i comença a buscar per Internet. La Martina hi va al darrere. L'Ermengol, sol, mira el robot. Riu. Pensa que és guai tenir un robot així a casa. Li toca un braç suaument amb un dit, diu «benvingut a casa, col·lega» i se'n va al despatx, amb la seva mare i la seva germana.

El robot és al menjador. Sol. A l'habitació se sent: «Ho veieu? Nosaltres vam triar aquest»; «Deu ser una novetat, mama»; «Sí, però, com és que no surt a la pàgina web?»; «Perquè és molt nou, això de vegades passa, mare».

Els ulls del robot, d'un vermell fosc, de cop i volta comencen a brillar. Ara el vermell és intens, viu. Per dins seu circulen milions de números, de codis. Mou els dits de les mans, tanca les mans, les obre. Els seus ulls veuen el menjador, els mobles, les coses. Llavors sent la conversa entre la Rut i els seus fills. Gira el cap. Mira el passadís del pis. Localitza, al mig, la porta del despatx.

Capítol 5

La humanitat

En Vila Vulpellac, el número dinou de l'ERO, és a casa seva, sol. Com cada dissabte al matí, perquè la seva dona treballa al mercat. És peixatera. En Vila Vulpellac és al menjador. Pensa la manera de trobar feina. Ara mira el rellotge de paret. N'escolta el tic-tac. Ara s'aixeca del sofà. Engega el televisor. Torna enrere. Seu. Hi veu unes flors blanques que s'obren, una música suau. Hi fan *El jardín de los sueños.* Vol canviar de canal, però no sap on és el comandament a distància. I li fa mandra tornar-se a aixecar. Mira la sèrie. Li agrada. Comença a plorar quan veu els Pontipines, ells tan feliços, perquè li recorden els seus clicks de Famobil de quan era petit. Agafa un coixí i s'hi abraça ben fort. Música de piano. En Vila Vulpellac somia un món millor, on tothom és feliç perquè té feina i no es queixa de tenir-ne i a més ajuda els altres sense esperar res a canvi!

Riiiiiiiiiiing! Riiiiiiiiiiiing!

El telèfon sona en el pitjor moment, just quan els Tombliboos viatgen per l'aire dins el Pinky Ponk i saluden els altres personatges del jardí dels somnis. En Vila Vulpellac agafa l'aparell amb desgana.

—Digui'm.
—Manel! —respon l'Escobar Correa, el número quatre de l'ERO.
—Ah! Dani! Com va això?
—Anar fent. Sóc a casa. Avorrit. I tu?
—Bé, jo estic mirant... mmmm..., sí, sí, estic ben avorrit, també.
—És que pensava que no sé on podem trobar feina...
—Ja. La cosa està molt malament.

—I, a més, hi ha una altra cosa... Escolta, Manel, què et sembla si anem a dinar al restaurant de sempre del carrer de Mallorca?

—Avui? Pots?

—Sí. La meva dona treballa tot el dia, de nou del matí a nou del vespre. Vull parlar amb tu.

—Doncs, d'acord. Em va bé. La meva dona plega a la tarda, cap a les sis.

—Perfecte. Quedem a dos quarts d'una davant la Sagrada Família.

—Dani, què és això que em vols dir? Que passa alguna cosa?

—Sí, però és millor que en parlem després. Amb calma.

* * *

Cap a la una del migdia en Vila Vulpellac i l'Escobar Correa es troben al restaurant.

—Puc prendre nota? —pregunta el cambrer.

—Sí, ja sabem què volem —respon en Vila Vulpellac.

—Què volen de primer?

—Jo, espinacs a la catalana.

—Doncs jo, pèsols estofats —diu l'Escobar Correa.

—I de segon?

—Sípia amb mandonguilles.

—I jo, bistec amb guarnició.

—Com el vol, cru, al punt o cuit?

—Al punt, sisplau.

—Molt bé —diu el cambrer—. Per beure?

—Vi i aigua ben fresca.

—D'acord. Bon profit —diu el cambrer, que marxa.

L'Escobar Correa està nerviós. Observa les taules que hi ha al seu voltant. Mira les persones que hi dinen. Ho fa perquè ha de parlar amb el Manel, el seu amic i excompany de feina, d'un tema delicat. Per anar bé, ningú no els ha de sentir. Per sort, al restaurant no hi ha cap persona coneguda. De tota manera, parla baixet.

—Manel, t'he de comentar allò.

—Ah, sí, digues, què et preocupa?

—Tinc por. Pel que vam fer a l'aeroport l'últim dia!

—Pots comptar! Si només vam canviar unes quantes etiquetes!

—La cosa és més greu del que sembla. Vam canviar etiquetes de correus, te'n recordes? Això vol dir que el que havia d'anar a un lloc va anar a un altre. I es veu que hi ha un bon problema amb això. Ho diu el diari d'avui. Perquè tot allò era d'importació i molt important i molt car i molt urgent, i ara algunes empreses i institucions ja comencen a reclamar el que es va perdre i indemnitzacions de molts diners!

—Au, va! Ho dius de broma.

—No, no, de veritat! I el pitjor és que la nostra empresa no vol pagar ni un euro i en busca els culpables.

—Ah, caram... —en Vila Vulpellac s'espanta una mica. Ara és ell qui mira al seu voltant. Com que no hi veu ningú conegut es tranquil·litza. Torna a mirar el seu amic Daniel—. Bé, no ens va veure ningú! No passa res!

—És que... Si t'he de ser sincer... sí. A mi em van veure.

—Ah sí?! Però qui? I com va anar?

—Mentre tu eres al fons de l'avió, en Serna i en Basora van venir per ajudar-nos a descarregar. Te'n recordes, d'ells?

—Sí, és clar.

—Doncs... van arribar just quan arrencava una etiqueta d'un paquet. I em van preguntar què feia. Jo em vaig posar nerviós i els vaig dir el primer que em va passar pel cap. I no devia tenir gaire sentit, perquè em van mirar amb una cara estranya. També els vaig dir que no necessitàvem ajuda. Se'n van anar en silenci.

—Potser no es van adonar del que feies.

—En aquell moment, no. Però ara, veient el que passa, segur que ja ho saben.

—Ja. Potser sí.

—Estem ben arreglats! A més de l'atur, això! —exclama l'Escobar Correa.

—Estigues tranquil —en Vila Vulpellac parla amb fermesa—. Mira, conec bé en Serna i en Basora. Són bona gent. A vegades parlava amb ells i ho notava. Es pot dir que érem amics. Tenen bon cor. A més, saben que tu tens la dona embarassada i que jo tinc un fill petit. Si realment saben el que vam fer, segur que no ho van dir als caps de l'empresa. Són d'aquella mena de persones que no fan mal a ningú, que a més de pensar en ells també tenen la capacitat de pensar en els altres.

—Vols dir?

—És clar, home. Cap problema. Al món hi ha més gent bona que no pas dolenta. Per això la humanitat és el que és i està com està.

* * *

Just en aquell mateix moment, en Basora abraça la seva dona i salta d'alegria. Acaba de rebre un missatge de correu electrònic que en respon un altre que ell va enviar ahir. Truca a en Serna, el seu amic i excompany de feina.

—Ei, què hi ha? Tinc una bona notícia, company!

—Què passa?

—Tinc una resposta de l'empresa.

—I què diu?

—Què et sembla si et llegeixo el missatge? Escolta.

Envia:	Recursos Humans
Per a:	Miquel Basora i Ernest Serna
Tema:	Readmissió automàtica

Benvolguts Sr. Basora i Sr. Serna,

La Direcció de l'empresa els agraeix molt sincerament la informació que ens van oferir sobre l'actuació dels senyors Vila Vulpellac i Escobar Correa. Tal com vam indicar en el nostre comunicat que es va fer públic ahir al matí, queden automàticament readmesos en l'empresa, amb contracte indefinit.

Poden passar per les nostres oficines a partir de dilluns al matí, per formalitzar el nostre nou contracte.

Ben atentament,

Otília Timoneda
CAP DE RECURSOS HUMANS

CAPÍTOL 6

C3P9D6T4H5T7N8M8Z1A2, sèrie 893412 FGY

El robot comença a caminar cap a l'habitació. La Martina, l'Ermengol i la Rut callen perquè en senten les passes. No s'ho poden creure. A poc a poc. Cada cop més a prop. Passes metàl·liques, d'un so sec i gruixut. Es giren. Tremolen. És ell. El robot, que es mou sol. I ara treu el cap per la porta del despatx. Els mira amb els ulls molt brillants. D'un vermell viu. La Martina abraça amb força la mare. L'Ermengol abraça amb força la Martina. La Rut abraça amb força els seus dos fills. El robot entra a l'habitació. Tanca les mans. Obre les mans. La Martina resa: «Àngel de la guarda». El robot se'ls acosta. S'hi afegeix l'Ermengol: «Dolça companyia». El robot és davant d'ells, quiet. La Rut també s'hi afegeix: «No em des.empareu, ni de nit ni de dia». Callen. El silenci pesa molt: té un índex de massa corporal que indica obesitat. Però el robot trenca el silenci i diu amb veu electrònica: «No em deixeu sol, perquè em perdria». La Rut i els seus fills es queden amb la boca oberta.

—Però, si parla! —diu la Martina.
—Sap *L'àngel de la guarda*! —crida l'Ermengol.
—És... increïble... —hi afegeix la Rut.

Els ulls del robot són ara d'un vermell més fosc, més apagat. S'acosta a un parell de centímetres de les seves cares. La Rut i els seus fills tornen a tremolar. El robot els mira de dalt a baix i de baix a dalt, com un escàner. El seu cervell els estudia. Crea informació nova al seu interior. Llavors diu:

—Les meves dades m'indiquen que teniu por. No n'heu de tenir. Estic al vostre servei.

El robot es fa enrere i seu a una cadira de l'habitació. Els mira en silenci. La Rut i els seus fills es miren entre ells. No saben què es fa ni què es diu, en aquests casos.

—D'acord —diu finalment la Rut, que s'aixeca de la cadira—. Si és així, fes-nos una demostració de les teves habilitats.

El robot no sap ben bé a què es refereix. Però els seus circuits interns trien dir, tot seguit i ràpidament, una sèrie de fets històrics.

447 abans de Crist. Comença la reconstrucció del Partenó d'Atenes.
323 abans de Crist. Alexandre el Gran mor a Babilònia.
148 abans de Crist. Roma destrueix Cartago.
80. Tit inaugura el Colosseu de la ciutat de Roma.
313. Constantí accepta el cristianisme amb l'edicte de Milà.
768. Carlemany és rei dels francs.
1032. Construcció de Santa Maria de Ripoll.
1377. Neix Filippo Brunelleschi.
1492. Colom descobreix Amèrica.
1620. Es publica *Novum organum*, de Francis Bacon.
1783. Independència dels Estats Units d'Amèrica.
1882. Neix Lluís Companys.
1945. Fi de la Segona Guerra Mundial.
1982. Espanya ingressa a l'OTAN.
2009. Belén Esteban canvia d'imatge.

—Uau! —exclama la Martina.
—Quina passada! —crida l'Ermengol—. És una màquina de la història!
—Sí —diu la Rut—, però això no serveix per a res.

La Rut s'esperava una altra cosa: bàsicament aspirar el terra, que és el que fa tot robot aspiradora normal.

—Però, mare, per què ho dius, això?! Si és molt guai! —diu la Martina, emocionada.
—Guai? —diu la Rut, preocupada—. Jo necessito un robot per aspirar el terra, no una enciclopèdia d'història! Si de cas ara escric a l'empresa que ens l'envia i els dic que no és el model que volem...

—Mare! Si és una canya! —crida l'Ermengol—. Potser ens pot ajudar a estudiar i a fer els deures! Si sap tantes coses...

—Vols dir? —diu la Rut.

—Sí! Segur que amb ell aprovo les mates i les naturals, i trec excel·lents a història! Ja saps com està el fracàs escolar últimament! I així també t'estalvies la pasta d'un professor particular!

—A mi m'agrada molt, aquest robot, mama —diu la Martina, dolça—. M'agrada mooooolt!

—Però és que... —diu la Rut.

—Escolteu —el robot interromp la Rut—: no us heu de preocupar. Tinc incorporades la competència social i ciutadana, i la competència d'autonomia i iniciativa personal. I sé aprendre a aprendre.

La Rut i els seus fills se'l queden mirant en silenci. No entenen res. El robot escaneja amb la mirada l'expressió de les seves cares.

Zzzzzzzzzzz (escàner d'anada).

Zzzzzzzzzzz (escàner de tornada).

—Les meves dades m'indiquen que no compreneu les meves paraules. El que volia dir és que ho puc aprendre tot.

—Ho veus, mare? —diu l'Ermengol—. És un maquinorràs bèstia! Com el de les pel·lícules!

—Ens el podem quedar, mama? Ens el podem quedar? Vaaaaaaaaaa! Sisplau! —diu la Martina.

—Mmmm —la Rut mira el robot, els seus fills, el robot, els seus fills—. Cal fer-li una prova. Un moment.

La Rut marxa cap a la cuina. Agafa l'escombra i un recollidor. Torna al despatx i els dóna al robot.

—A veure de què ets capaç, tu! Au, escombra l'habitació... —mira el robot i el robot la mira a ella, i com que encara li té una mica de por, hi afegeix, amb la veu més baixa—: sisplau...

El robot fa que sí amb el cap. Mira l'escombra i el recollidor de dalt a baix, a poc a poc. Els identifica. El seu cervell diu: «escombra», «recollidor», i li vénen imatges de pel·lícules de gent que escombra i recull. Comença a escombrar l'habitació, amb no gaire habilitat.

—Ho fa bastant bé, oi, mare? —diu l'Ermengol.

—Home... —diu la Rut, no gaire convençuda.

Al cap d'un moment, però, el robot posa el turbo i, amb moviments secs i ràpids, escombra de pressa i precís: esquerra dreta, dreta esquerra, ara l'escombra ara el recollidor, esquerra dreta, dreta esquerra, rajola 24, rajola 25, completes, i ara falta aquell racó. I segona passada des de la porta, rajola 1, 2, 3..., davant, darrere, darrere, davant, rajola 14, rajola 15, completes, ara l'escombra ara el recollidor, direcció cap al fons, davant darrere, esquerra dreta, dreta esquerra, darrere davant, racó i final.

La Rut es queda ben parada. En un moment el robot ho deixa tot net. Ara se li acosta i li dóna el recollidor tot ple i l'escombra.

—Et sembla bé? —pregunta el robot, amistosament.

—Sí, la veritat és que... sí. Molt bé —contesta la Rut, que somriu i fa que sí amb el cap.

—És impressionant! —exclama l'Ermengol.

—Ens el podem quedar, mama? Ens el podem quedar? —diu la Martina.

—Sí. Ens el quedem —diu la Rut, convençuda.

—Síííííííí! Viscaaaaaa! —criden els dos fills a la vegada.

La Martina s'hi acosta.

—Hola. Jo em dic Martina. I tu?

El robot la mira estranyat un moment, però respon de seguida.

—C3P9D6T4H5T7N8M8Z1A2, sèrie 893412 FGY.

—Ah. Quin nom tan llarg i estrany!

—Sí? Trobes que és estrany? —diu el robot.

—Molt.

—I vosaltres com us dieu? —pregunta el robot.

—Jo, Ermengol.

—Jo, Rut.

—Doncs potser sí que és estrany, ara que ho dieu... —diu el robot, pensatiu.

—Home, no et preocupis —diu la Martina—, com que ara vius aquí et podem posar un nom menys complicat.

—Sí, tenim un llibre de noms —diu l'Ermengol mentre el busca a un prestatge.

—De fet, potser no cal buscar —diu la Rut—. Els noms més comuns són Marc, Àlex, Pol, Pau, David i Arnau. I també Pere, Joan, Jaume, Robert i...

—Arnau! És un nom bonic per a ell! —crida la Martina.

—No! A mi m'agrada Robert! —diu l'Ermengol, que deixa de buscar el llibre.

—I Juanito? Us agrada Juanito? —pregunta la Rut als seus fills.

Tots tres comencen a discutir, que si a mi m'agrada més aquest nom; a mi, l'altre; i l'un que no hi està d'acord, i l'altre que ara sí, i encara l'altre que no sap què dir, i quan canvien d'opció, bla, bla, bla!, tornen a discutir. És un diàleg sense fi. Fins que...

—Escolteu! A mi no m'agraden, aquests noms —el robot ho diu molt seriós, amb la veu forta—. Si no us fa res... vull triar-lo jo, el meu nom.

—Ah.

—És clar.

—I tant!

—On és el llibre? —pregunta el robot a l'Ermengol.

—Saps llegir? —diu el noi.

—És clar. Tu, no?

L'Ermengol, una mica espantat, torna a buscar el llibre al prestatge. El troba. L'hi dóna. El robot comença a llegir i a passar pàgines. En aquell moment se sent la porta del pis. Unes passes. Apareix per la porta en Vicenç, que mira el robot molt sorprès.

—Però, què és això tan gros?! —exclama cridant.

—Doncs... —diu la Martina.

—En C3P... —comença a dir l'Ermengol.

—El robot que vam demanar —diu la Rut.

—Ah, sí? Això? Em pensava que era diferent... —diu en Vicenç, estranyat.

—No, és aquest —diu la Rut.

—I va bé? —pregunta en Vicenç.

—Molt —respon la Rut, amb fermesa.

El robot deixa de llegir. Gira el cap molt de pressa i mira en Vicenç. Els seus ulls tornen a brillar molt.

—Per què em dius «això»!? —el robot s'acosta a en Vicenç i es queda a pocs centímetres d'ell.

—Què? —en Vicenç obre molt els ulls. Es queda ben parat. «Però si està parlant, aquest ferro!», pensa.

—Tu arribes i dius: «Però què és això tan gros?!». I jo no sóc una cosa! M'entens, oi?

—Eh? No, no... vull dir sí, sí que t'entenc —en Vicenç no sap què dir.

—La teva pregunta havia de ser: «Però qui és aquest?».

—Sí, sí, mmmm, em sap greu... és que...

—I saps qui sóc, jo? Saps qui sóc?!

—No, no, jo... no ho sé..

—En Nicòstrat. Em dic Nicòstrat! M'agrada molt aquest nom!

En Vicenç no es mou. No reacciona. El robot tampoc. Els nens tampoc. La Rut, sí: tanca la pàgina web dels robots aspiradora, el navegador, l'ordinador, i diu:

—Doncs au, va, Nicòstrat, vine. Anem cap a la cuina. Que allà sempre hi ha moltes coses per fer.

Capítol 7

El terra net

Gairebé tots els investigadors del Parc Tecnològic del Vallès són a casa o surten amb els amics o les parelles a prendre copes. Perquè és dissabte a la nit i demà és festa. Però n'hi ha un que no, en Ramon Rabell, que encara és al Parc. No pot deixar de mirar aquell robot circular a través del vidre. Es pregunta com una cosa tan petita pot tenir un secret tan gran. En Macià els va donar instruccions de no fer res. Però les hores passen, i es posa nerviós, i no es pot aguantar. Perquè té molta curiositat. De fet, ara no hi ha ningú a l'edifici. I com que s'adona que no el poden descobrir, decideix actuar.

En Ramon Rabell agafa un micròfon. Prem un botó que hi ha a la sala. S'encén un llum. El científic comença a parlar.

—Hola, hola, hola, sí, sí, va, va, no va, va?

L'investigador s'adona que el micròfon funciona. La seva veu se sent molt forta dins la sala. Respira fondo i torna a parlar.

—Hola. Sóc en Ramon Rabell, investigador del Parc Tecnològic del Vallès. Vull conèixer les teves qualitats. Connecta't i mou-te, sisplau.

El robot no fa res. És al mig de la sala. En Ramon Rabell pensa que l'està desafiant.

—No m'agrada la teva actitud. Presenta't!

Dins la sala tot és silenci. El robot, immòbil. En Ramon Rabell, cada vegada més nerviós, prova una altra cosa.

—D'acord. A veure... mmmm... digues l'any en què va començar la Revolució Francesa.

Silenci.

—L'any de l'atemptat de les Torres Bessones.

Silenci.

—L'any del zero a cinc al Bernabeu! Del disc *El cop que vingui*, d'Utòpics! De l'estrena de *Bambi*!

Silenci. Silenci. Silenci.

En Ramon Rabell mira el robot amb ràbia. Després mira al seu voltant. Ara veu a un rellotge que ja són les deu de la nit. Ha d'anar a casa a sopar. Però pensa que no pot marxar així. Sap el que ha de fer. Té por, però és necessari. Vol entrar a la sala ara mateix. Vol tocar el robot.

* * *

Laura? En Quim surt del primer somni i es pregunta com es deu dir aquella noia. Cristina? Marisa? Carme? Paula? No. Segur que té aquell nom que li agrada tant: Clio, com el Renault que es va comprar ara fa dos anys.

A aquella mateixa hora, en Quim encara pensa, i molt, en aquella noia tan maca d'aquest matí. Tot el dia així. Ara sopa amb els companys i companyes de pis. Pa amb tomàquet, embotit de la plana de Vic i vi del Priorat. Parlen de tot una mica, i de tant en tant criden, i riuen, però ell hi és i no hi és. En Quim somia que parla amb la noia.

I torna a somiar.

No. En realitat no va deixar cap carrera. Simplement, no li agradava estudiar. En Quim s'adona que no cal mentir.

I torna a somiar.

En Quim està més que content. No s'ho acaba de creure. El cor li bategа molt de pressa. Però just aleshores un company de pis el pica a l'esquena i li diu:

—Quim, desperta't! Va, vés a fer més pa amb tomàquet, home, que això et toca a tu, avui!

I en Quim no té altre remei que anar cap a la cuina i complir amb el deure pactat. Ell vol viure sol, però comparteix pis amb estudiants perquè el seu sou és petit, molt petit. Al menjador l'esperen dos nois i dues noies que li diuen que s'ha d'afanyar, perquè tenen gana i ganes de sortir aviat. També tenen alegria. Molta alegria. En Quim sent com fan picar repetidament les copes de vi. Ell és l'únic que no pot beure, aquesta nit. Li toca conduir el Clio.

* * *

En Ramon Rabell desa el micròfon dins un calaix. Desconnecta les càmeres que enregistren el robot. Surt de la sala on és, camina per un passadís estret i s'atura davant una porta de ferro, molt gruixuda. Hi ha un aparell que sembla un telèfon i hi introdueix un codi secret format de números i lletres: u, dos, tres, ce trencada, hac, tretze, jota, quaranta, ics, i grega, divuit. Un llum vermell es transforma en un llum verd i la porta s'obre.

Ara camina cap al robot. Al seu voltant les parets són de vidre blindat. S'atura davant la màquina. En mira les parts. Hi ha un llum blanc encès. Està connectat, no en té cap dubte. Seguramente l'escolta. Sap que el robot és perillós, que és capaç de matar tot el que hi ha al voltant en pocs segons perquè està preparat per fer moviments ràpids i precisos. Per això ara dubta i fa uns quants passos enrere. No vol morir.

En Ramon Rabell sap que els nord-americans tenen la millor tecnologia del món i ara recorda que aquest robot de milers i milers de dòlars és un prototip pensat, entre altres coses, per a la guerra, per evitar d'enviar-hi soldats. Dins d'ell hi ha tot el coneixement humà des de temps antics, però també tot d'emocions i sensibilitats. El robot és com un ésser humà superdotat i invencible.

Quan l'investigador està a punt de sortir de la sala de vidre i de tancar-ne la porta, se sent: «Piiiiiiip, piiiiiiiip!» I s'encén un llum vermell del robot, que comença a fer pampallugues; ara s'encén, ara s'apaga. En Ramon Rabell es gira sorprès i el mira molt seriós.

—M'estàs cridant, oi? —diu en veu alta l'home al robot—. D'acord. Ja vinc.

En Ramon Rabell s'hi acosta a poc a poc. Quan és davant del robot, s'ajup. Hi acosta una mà, que li tremola com una fulla d'arbre quan fa la tramuntana. Finalment toca el robot suaument. Però no passa res.

El silenci és espès. Gairebé no es pot respirar. El científic es fixa un altre cop en la forma externa del robot. Hi veu un botó, al costat del llum vermell. Fa un esforç i respira fondo. Mira al seu voltant, ple de vidre. Torna a mirar el robot. Hi acosta un dit, ara més decidit, i prem el botó.

El robot comença a fer un soroll fort. Expulsa aire calent. En Ramon Rabell s'espanta, crida i cau de cul enrere. Queda estirat a terra. El robot comença a moure's!

—Atura't! Sóc en Ramon Rabell, investigador del Parc Tecnològic del Vallès! —crida l'home mentre es va tirant enrere d'esquena, cap a la porta, encara amb les mans i els peus a terra—. Identifica't!

El robot no li fa cas i ara va cap aquí i ara cap allà. Recorre tota la sala. En Ramon Rabell surt d'allà ben de pressa, tanca la porta, tanca els ulls, respira fondo, obre els ulls, camina per un passadís estret,

entra a una altra sala. Ara, a través d'un vidre molt gruixut, pot observar el robot sense perill. Obre un calaix i agafa el micròfon.

—Hola, hola, hola, sí, sí, va, va, no va, va?

L'investigador s'adona que el micròfon funciona.

—Robot! Identifica't! Recorda la segona llei: obeir les ordres dels éssers humans! —crida en Ramon Rabell.

Però el robot o té una fallada al xip de la memòria o fa el sord, pensa l'investigador. Perquè ara va cap a un racó, i ara cap a un altre, sense aturar-se ni un moment, sense xocar amb les parets. I deixa el terra net, molt net.

Capítol 8

Una bona persona

En Quim es desperta cap a les dotze del migdia. Els altres encara dormen. Ahir van anar a dormir molt tard. De fet, ahir era avui, perquè ha tornat a casa a les sis de la matinada. En Quim va cap a la cuina i es prepara un cafè amb llet mentre es menja una ensaïmada seca i caducada. Després, s'emporta la tassa a la seva habitació. Encén l'ordinador, revisa el correu electrònic. Li arriba un missatge d'ahir a la nit. És la seva amiga de tota la vida, l'Ada. Solen quedar els dissabtes a la tarda per fer una cervesa.

Envia:	Ada
Per a:	Quim
Tema:	Com estàs?

Hola, Quim!

Com estàs? Millor?

Em vas deixar molt preocupada, ahir a la tarda. Et noto molt diferent. Fas una cara molt estranya. I gairebé no et mous. Ni parles. Només penses. O somies. Hi ets però en realitat no hi ets! Però, que et va passar alguna cosa?

L'única cosa que em vas dir és que volies seguir una dieta! I per què? Si no estàs gras! Vés amb compte amb la salut. Recorda que és el més important!

Un petó,
Ada

Envia:	Quim
Per a:	Ada
Tema:	RE: Com estàs?

Ada,

Gràcies pel teu interès. Sí. Em va passar una cosa. Ahir al matí. Vaig veure un àngel. Una noia en forma d'àngel. O un àngel en forma de noia. No ho sé. I em va saludar. Em va somriure!

És la bellesa personificada, Ada. I no sé fer altra cosa que pensar en ella. No me la trec del cap. No vull, de fet. Però ja sé que jo no sóc jo. Que miro la gent sense mirar-la. Que hi sento però no hi sento, que ensumo però no ensumo, que toco però no toco, que hi toco però no hi toco... El meu cos és a un lloc i el meu esperit, a un altre. No hi puc fer res.

Estic profundament enamorat. Ara ja ho saps.

Així, doncs, què m'aconselles, tu que ets dietista: tot a la planxa, oi?

Una abraçada,
Quim

Al cap d'una hora els companys i companyes del pis encara dormen, però en Quim ja té gana. Es vol fer el dinar. En Quim no vol seguir els consells de l'Ada, la seva amiga dietista, que diu que no li cal cap dieta, que està prim, que s'ha de cuidar i deixar-se de manies. El noi ara busca a la nevera algun tall de carn per fer a la planxa, però no hi ha res. És ben buida. Això ho tenen, alguns catalans: són especialment garrepes i austers en el menjar, sobretot quan s'ha de compartir. En Quim continua buscant i finalment troba en un armari un pot de canelons precuinats. Els escalfa al microones i s'omple un got d'un refresc que originàriament tenia gas però que ja no en té. Seu en una cadira, a tocar de la taula del menjador. Hi ha les restes del sopar d'ahir. A més, està enganxosa, és a dir, hi posa la mà i una mica més i no la pot separar de la taula. En Quim comença a dinar. Però dir que dina és un dir, i ell ho sap, perquè aquells canelons no semblen gaire sans. Hi ha un moment que els vol deixar, perquè ara li agafen manies i li sembla que tenen mal gust. Però no. Continua menjant. Ho fa perquè té gana, no ho pot evitar, però sobretot perquè vol estar fort i maco. Perquè està enamorat. Molt enamorat.

«Què puc fer?», pensa. «No sé qui és. He de parlar amb ella, però... Quan? On? I què li dic?! Què puc fer?!».

De cop i volta, en Quim obre molt els ulls. S'empassa un tros de caneló. S'aixeca de la cadira.

—Ja ho tinc! —exclama en veu alta.

Corre cap a la seva habitació, es posa les sabates. Corre cap al menjador. Talla un altre caneló amb la forquilla. Se'n posa un tros a la boca. Corre cap al lavabo, es mira al mirall, es posa colònia. Mastega i s'empassa el menjar. Corre cap al menjador. Punxa amb la forquilla un altre tros de caneló. Se'l posa a la boca. I ara un altre. Un altre. Fa un glop de refresc sense gas. Corre cap a la porta del pis, té la boca plena de sòlid i líquid, surt al replà de l'escala, mastega com pot, pica l'ascensor. Dins hi ha un veí que li diu «Hola». Ell respon fent una cosa semblant a «Mfola», perquè no pot parlar. Baixen junts. El veí veu que en Quim mastega obrint molt la boca i es gira per mirar cap a una altra banda, però el sent perfectament: «nyam-nyam», segon pis, «scrontx, scrontx», primer pis. Perquè el menjar li ha fet una gran bola que li costa de fer baixar. «Scrontx, scrontx», entresòl. Finalment, fent un esforç en Quim s'empassa els canelons: «blub-blub», i l'ascensor arriba a la planta baixa. En Quim corre cap al metro, corre per l'andana. Corre pels carrers, corre fins a arribar a aquell edifici on viu ella. Ara és allà, just al lloc on la noia el va saludar i va somriure tant. No s'ho pot treure del cap. «M'esperaré. Només és qüestió de temps que surti per la porta», pensa.

* * *

Abans d'entrar per la porta, en Nicòstrat ja sap que arriben tots. Sent perfectament la conversa que tenen al passadís i al replà de l'escala, just desprès de sortir de l'ascensor.

—A mi em fa por, mama! —diu la Martina.
—És un home molt estrany! —hi afegeix l'Ermengol.

—Sí, sempre que el veig al matí fa mala cara, de no dormir —diu la Rut.

—I no diu ni «hola» ni «adéu»! —diu la Martina.

—És un mal educat. Això, Martina, és just el que no heu de fer vosaltres.

—Ja ho sé, mama —diu la nena.

—El que no entenc és per què sempre que el veiem a l'ascensor es pentina... —diu l'Ermengol, pensatiu.

—Deu ser presumit —diu una senyora gran.

—No, mare, no, aquest home amaga algun secret —diu la Rut.

—Vols dir? —diu la senyora gran. La Rut li respon fent que sí amb el cap.

—Hi ha veïns que diuen que només se'l troben a l'ascensor als vespres i als matins, més aviat d'hora —li explica la Rut—. Se'n va parlar en una reunió de veïns, d'això. Es veu que al vespre sempre marxa de l'edifici. I als matins, torna.

—És un vampir! —crida l'Ermengol.

—I ara! —diu la senyora gran.

La Rut obre la porta i entra al pis.

—Ja som aquí! —crida adreçant-se a en Nicòstrat.

Després d'ella, entren per la porta en Vicenç i els seus dos fills. Al darrere els segueix una senyora gran, que camina molt a poc a poc, amb l'ajut d'un bastó. Continuen la conversa.

—I què tenia, a la mà? —pregunta en Vicenç.

—No ho sé —diu la Rut.

—No ho sé —diu la senyora gran.

—Un drap de colors —diu l'Ermengol.

—Sí, un drap de colors —diu la Martina.

—Segur? —diu la Rut, estranyada—. Mireu, ja cal que aneu amb compte. No m'agrada gens tenir aquesta mena de veïns! A partir d'ara no pugeu més a l'ascensor amb aquest paio, d'acord?

—Sí, mama —diu la Martina.

—D'acord... si tu ho dius... —diu l'Ermengol.

En Nicòstrat surt de la cuina. S'eixuga les mans i els mira.

—Hola. Missions complertes: fregar els lavabos, netejar la cuina i rentar els plats.

—Uau! —diu la Martina.

—Ostres, que ràpid! —diu la Rut.

—Quina passada! —crida l'Ermengol.

—Caram! —diu la senyora gran, espantada en veure'l.

—Vet aquí un tros de llauna —diu en Vicenç en veu baixa. El robot, però, el sent i s'adona que aquell home i ell no poden tenir cap mena de connexió.

—Vine, mare, vine —la Rut porta la senyora gran al sofà—. Seu, sisplau. On vas? —diu a en Vicenç, que obre la porta del pis.

—Vaig al bar a fer unes cerveses amb uns amics.

—Però a quina hora vols dinar?

—A les tres.

—És molt tard, per dinar!

—Si no, no tinc prou temps d'estar amb ells, Rut. A les tres. Adéu.

En Vicenç marxa. En Nicòstrat mira com tanca la porta. Observa la tristesa de la Rut i de la senyora gran que seu al sofà.

—Gràcies per tot, Nicòstrat —diu la Rut al robot—. Descansa una miqueta, si vols. Jo vull alletar la Martina i després he de fer el dinar. Per cert, tu menges alguna cosa? Ahir no et vam donar res...

—No, no t'has de preocupar. No em fa falta. El meu cor nuclear m'alimenta contínuament i em manté sempre al cent per cent. Jo mai no em canso ni necessito res per compensar la pèrdua d'energia.

La Rut somriu i se'n va a una habitació, crida la Martina i l'alleta. En Nicòstrat seu al costat de la senyora gran, que quan el veu venir comença a tremolar una mica i, dissimuladament, intenta moure el cul per anar cap a l'altra punta del sofà.

—Xrrup, xrrup —fa la Martina.

En Nicòstrat ara mira fixament la senyora gran als ulls. Com que té una oïda molt fina, ho pot sentir tot. Per això, sent la Martina xuclant, tot i que és a l'habitació de matrimoni, la que hi ha més lluny del menjador. I també sent la conversa que ara manté per telèfon l'Ermengol amb un amic seu.

—T'ho vas passar bé, ahir?
—Sí, molt.
—Doncs la setmana que ve, més i millor!
—Sí? Quan?
—Divendres a la nit. En Pep organitza una festa de disfresses a casa seva. Es veu que els seus pares no hi són.
—Porta maria, tu.
—No et preocupis. Ara que... també vull portar una cosa millor. Amfetes.
—Amfetes?
—Sí. És molt divertit. Rius i balles com un boig.

La senyora gran seu al sofà i tremola una mica més que abans perquè aquell robot la mira i no li treu aquells ulls vermells del damunt. No sap que en realitat té l'atenció posada en la conversa de l'Ermengol. Perquè en Nicòstrat, gràcies a la seva enorme base de dades, sap perfectament què és la maria i què són les amfetes, i nota que li neix i li creix un sentiment de preocupació en saber que un noi de catorze anys juga amb aquestes coses. Però aleshores la senyora gran, que se sent molt incòmoda, diu:

—Hola, em dic Milagros.

I estén la mà en senyal d'amistat. En Nicòstrat deixa d'escoltar la conversa telefònica. Els seus ulls ara brillen més, cada cop més. Són d'un vermell viu. Mira els ulls d'aquella dona, l'expressió dels llavis, les arrugues del front, la mà que ella li acosta, perquè ara el seu cervell electrònic vol interpretar si allò és una amenaça o un gest amistós. Finalment, el robot arriba a una conclusió i reacciona.

—Hola, sóc en Nicòstrat.
—Nicòstrat? El meu avi es deia així!
—De veritat!? —el robot fa, per primera vegada a la vida, una mena de somriure.
—Sí! I tant! És un nom molt bonic!

I quan la dona ja enretirava la mà, el robot li dóna la seva i diu:

—Gràcies, Milagros. Molt de gust de coneixe't.

I la Milagros deixa de tremolar perquè li sembla, no sap ben bé per què, que aquella màquina és, en el fons, una bona persona.

Capítol 9

Ssss, Ssss, Ssss

—Jo sóc de Toledo, però fa molts anys que visc aquí —diu la Milagros—. Em penso que quaranta-sis. No! Quaranta-set! —en Nicòstrat l'escolta atentament i fa que sí amb el cap—. Em vaig casar a Albacete amb en Teodoro, que era el meu marit. Un bon home, quan érem joves. Era molt atent i m'estimava molt llavors. I jo a ell. Estàvem molt enamorats. Vam decidir venir a Catalunya perquè li va sortir una feina de paleta. Semblava que era per a poc temps, però n'hi van donar més i més i més i al final en tenia tanta i hi estàvem tan a gust que ens vam instal·lar definitivament a un piset a Sant Adrià de Besòs. Al començament ens vam enyorar molt de la nostra terra, però també és veritat que els catalans en general ens van acollir molt bé. I a poc a poc ens vam anar adaptant a la nova vida. A mi no em va costar gaire aprendre el català: anava al mercat i l'escoltava sovint tot i que no es podia fer servir perquè encara hi havia dictadura. Saps que és una dictadura?

—Sí, sí, la història de la humanitat n'és plena, de morts violentes i de dictadures —contesta en Nicòstrat.

—Doncs el català estava prohibit, però es veu que els catalans són molt tossuts en això. Pensa que potser estimen més la seva llengua que la seva terra. Un dia, ja en democràcia, em vaig animar a provar de parlar-lo amb una dona amb qui de tant en tant coincidíem a la parada del peix. Me'n vaig sortir una miqueta. I ens vam fer amigues.

—Amigues? —pregunta en Nicòstrat, que la mira amb els ulls d'un vermell que brilla com mai abans.

—Sí. No saps què és l'amistat?

—Doncs... Jo crec que... —els ulls d'en Nicòstrat fan pampallugues perquè ara busca informació a la seva enorme base de dades—. Sí: «Amistat: afecció d'una persona envers una altra nascuda d'una estimació i benvolença mútues més enllà dels lligams de la sang i de l'amor sexual». —en Nicòstrat recita una definició de diccionari—. És això, oi?

—Potser sí... —la Milagros el mira poc convençuda.

—La veritat és que... —en Nicòstrat abaixa el cap, avergonyit— no sé ben bé què significa perquè no tinc cap amic ni amiga.

La Milagros el mira. Pensa una estona com ho pot explicar.

* * *

—Però es pot saber què dius?!

—Des d'ahir que hi sóc i l'observo! Aquest robot no fa res! No és el robot intel·ligent! Només aspira el terra! —en Ramon Rabell està histèric.

—Però què hi fas al Parc? Et vaig dir de no tocar-lo! —en Macià Falgar està molt enfadat.

—Que no sents el que et dic? Tenim un problema greu!

—A veure, Rabell, centrem-nos. Els americans tenen cops amagats. A vegades fan coses que costen d'entendre, ja ho saps. Aquest robot té una intel·ligència artificial que supera totes i cadascuna de les intel·ligències naturals d'aquest món. Això que dius segurament és una qüestió de camuflatge, d'aparences. El van crear per semblar inofensiu. Sens dubte, volien amagar el que realment és. Pensa que en part el volen fer servir a una d'aquestes guerres que fan de tant en tant.

—Ja ho entenc, ja, Macià. Però és que... no sé com dir-t'ho... —en Ramon Rabell parla molt a poc a poc, sense forces, però de cop i volta es posa a cridar—. Cordons! No és el robot! És una aspiradora! I sí! Hi ha gent més curta que una aspiradora! Síííííí! Tens raó! Com jo! Que entro a la sala i li parlo i m'espanto i li demano el nom i em desespero i li parlo i li toco un botó i caic de cul a terra i me'n vaig corrents i tanco la porta i el cor em va a mil per hora i tremolo i...

En Macià, que és a casa seva, deixa el telèfon damunt una tauleta mentre en Ramon Rabell continua parlant. Agafa el seu mòbil. Truca a Sanitat Respon, al nou, zero, dos, u, u, u, quatre, quatre, quatre.

—Digui'm.

—Sisplau, tinc un cas de demència sobtada al Parc Tecnològic del Vallès. Què he de fer? És greu, molt greu.

En Macià acaba la conversa i penja el mòbil. Prem un botó del telèfon per posar el mans lliures i seu al sofà, preocupat, mentre escolta en Ramon Rabell.

—...i sí, d'acord! Deixa el terra net com una patena! —en Ramon Rabell continua parlant seguit i no s'atura—. Sens dubte és fantàstic! Immillorable! Un prodigi domèstic! Però no! No pot ser el robot dels nord-americans perquè no fa res més! No fa res! No escolta, no parla, no salta, no llegeix! Perquè quan té un llibre al davant no fa res! No fa res! I això és molt estrany! És molt estrany, oi?! I tampoc no balla quan li poso música, ni et diu l'hora que és si li ensenyo el rellotge, ni...

* * *

—L'amistat és... —comença a dir la Milagros— confiar en l'altra persona... sí, això mateix. Mmmm... és... explicar-se moltes coses secretes... i també saber escoltar... i implicar-se en el que li passa a l'altre... i donar-li consells... mmmm... quan quedes amb un amic és perquè vols.
—No hi tens cap obligació? —pregunta en Nicòstrat.
—No. És clar que no! Hi quedes quan us va bé a tots dos! Els amics de veritat desitgen la felicitat de l'altre. Estan contents quan es retroben i parlen. Mira, Nicòstrat, l'amistat potser és compartir el temps amb algú valuós que t'explica coses valuoses...
—Com ara jo amb tu... —en Nicòstrat alça el cap i mira la Milagros.
—Sí —la Milagros somriu.
—Així... tu i jo som amics?
—Jo em penso que sí! Si no et fa res tenir una amiga de setanta-dos anys... —diu la Milagros, que riu.

En Nicòstrat, per primer cop en la seva vida, riu. És un riure poc entrenat del tipus «ha, ha, ha», però una mica estrany, perquè pot semblar un plor. A més, sona metàl·lic. Riu perquè nota alguna cosa dins molt especial. Una mena de frescor i de pessigolles que no coneixia i que ara coneix. Ell no ho sap, però és felicitat. La felicitat íntima de no sentir-se sol.

* * *

En Macià, que és al sofà, preocupat, escolta el següent amb el mans lliures.

—...i és clar, si resulta que no puc dir la meva opinió, me'n vaig a la Xina a muntar una empresa, o a Austràlia a estudiar la cria del cangur, o al Tibet a meditar en un temple budista, o a...

Niiii-nooooo, niiiiiiii-noooooo, niiiiiiii-noooooo!

Se sent una ambulància de lluny. Al cap d'un moment unes persones entren a la sala on hi ha en Ramon Rabell.

—Tranquil —diu un home—, el volem ajudar.
—Qui són vostès?! —crida en Ramon Rabell.
—No passa res, no passa res —diu un altre.
—Ssss, ssss, ssss —fa un tercer amb els llavis i la llengua per tranquil·litzar-lo.
—Però què fan?! Per què se m'acosten amb aquesta cara?! —els tres homes l'envolten—. Què pretenen?! —se li llancen al damunt—. Nooooooo! Noooooooooo!

En Ramon Rabell mou els braços i les cames amb totes les seves forces. Aquells homes amb prou feines el poden aguantar. Un quart

infermer apareix del no-res. Corre cap a ells i clava una injecció, per error, a un dels seus companys, que comença a perdre l'autonomia del seu ésser.

—Burro! —criden els altres tres alhora.
—En tinc una altra, en tinc una altra!

Aquesta sí. L'infermer clava la injecció a una cama d'en Ramon Rabell, que a poc a poc va perdent les forces, la parla i l'enteniment.

—...el meu avi es deia Ildefons, però la gent es pensava que es deia Alfons; tothom li deia Alfons a tot arreu i sempre... fins i tot la meva àvia, la... Josepa, va arribar un punt que no sabia com es deia en realitat el seu home... per això un dia li va posar una targeta identificativa a la camisa penjada amb una agulla, com aquelles que es posen quan vas a un congrés. Des de llavors... només s'equivocava de nom quan no duia les ulleres posades... perquè no hi veia prou bé per... llegir les... lletres... i...
—Ssss, ssss, ssss —fa un infermer amb els llavis i la llengua per fer-lo callar.

En Ramon Rabell finalment s'adorm a la llitera. Se l'emporten dins l'ambulància.

Niiii-nooooo, niiiiiii-noooooo, niiiiiii-noooooo!

El telèfon que feia servir en Ramon Rabell al Parc està despenjat. Ara en Macià, que és al sofà, encara preocupat, escolta amb el mans lliures com s'allunya el so de la sirena. Fa que no amb el cap. Li sap greu aquell estat de bogeria. Era un bon home i molt bon científic. De sobte, sent un soroll de fons, bastant fort. Primer es pensa que és a casa seva.

—Nena, pots tancar l'aspiradora, sisplau, és que estic parlant per telèfon! —crida en Macià.
—Però si no està en marxa! No la penso passar, avui.

En Macià es mou de pressa: treu el mans lliures i clava l'orella a l'auricular del telèfon. Hi sent, clarament, una aspiradora de fons. Una aspiradora molt potent. «Però com pot ser?», es pregunta. «Avui és diumenge i no hi ha personal de la neteja al Parc!». Les paraules d'en Ramon Rabell sobre el robot li vénen al cap. Per un moment pensa que potser era veritat el que deia. Però només és un moment. En Macià de seguida fa el que fa la majoria d'éssers humans: canviar l'ordre dels factors per fer-s'ho venir bé i crear un món ajustat al seu desig. En Macià, en comptes de pensar que en Ramon Rabell es tornava boig perquè el seu cap no el creia, pensa que en Ramon Rabell estava boig abans i que el que li explicava n'era la conseqüència. A més, es diu a si mateix que potser sí que de tant en tant fan neteja al Parc els diumenges.

I així és com en Macià es queda ara ja tranquil al sofà i pot mirar, amb calma, una pel·lícula que fan a la tele, mentre la seva dona despara la taula i frega els plats.

* * *

En Nicòstrat ara mira el carrer, ample, que es veu per la finestra de la cuina. Hi veu un noi quiet com un fanal que mira atentament l'edifici, a l'altra vorera. Això no agrada al robot. Els seus circuits comencen a traslladar informació militar: ell està preparat per al combat, per a l'espionatge. Dins li creix una sensació electrònica nova: la inquietud. El segueixen? És justament el que el seu programa li diu que ha d'evitar. Encara que això pot voler dir matar.

—Veig que us aveniu, amb la meva mare —diu la Rut. En Nicòstrat es gira i la mira.

—Sí, és molt bona dona. Som amics.

—Ha, ha, ha! Me n'alegro. Ella diu que ets molt bon noi! Diu que et portem de tant en tant a casa seva.

—Ah, no viu amb vosaltres, la Milagros?

—No —la Rut es posa seriosa de cop.

—I per què?

—Doncs... ella al seu pis està molt bé...

—Però... saps que li fa mal la cama dreta?

—De debò? Com ho saps, tu, això?! Ho diu ella?

—No. Veig que es toca la cuixa. Les meves dades m'indiquen que la seva expressió de la cara és de dolor. I en aquests casos faig servir els raigs X.

—Tens raigs X?

—Sí. Estic preparat per a la guerra, i entre altres coses la meva missió és salvar soldats ferits. Puc fer un diagnòstic del seu estat.

—Què hi veus, a la cama de la meva mare?

—Té un esquinç de turmell lleu, i els ossos molt dèbils. Osteoporosi.

—Potser va caure. Fa mesos que va començar a tenir caigudes... Estic molt preocupada.

—Ella vol venir a viure amb tu.

—T'ho indiquen les teves dades? —pregunta la Rut, sorpresa.

—No. Això sí que ho diu ella. No se sent segura sola —diu en Nicòstrat.

En aquell moment entra per la porta en Vicenç, que darrerament beu massa cerveses quan queda amb els amics. Treu el cap per la cuina i mira en Nicòstrat i la Rut.

—Què fas, nena? Dinem o què? Tinc molta gana! Va, Robocop!, vull dir Nicòstrat, Sr. Nicòstrat! La pot ajudar, sisplau? Tinc gana, jo! He, he, he!

En Vicenç se'n va cap al menjador. No saluda ni els fills ni la Milagros, que ara són al sofà i miren les notícies. En Vicenç es limita a fer-se un lloc al sofà i a demanar el dinar insistentment. A la cuina, la Rut fa que no amb el cap i en Nicòstrat la mira i sent una cosa nova i molt desagradable dins seu: ell no ho sap, però això es diu «pena».

—Jo també vull la mare a casa —confessa la Rut—. L'estimo molt, jo. La trobo a faltar. I la vull ajudar.

—No ho entenc. Les meves dades estan confoses: ella vol estar amb tu, aquí, i tu vols el mateix. Quin problema hi ha?

—Doncs... en Vicenç. No li cau bé. Ell em va dir que era el millor per a tots. Ella a casa seva i nosaltres a la nostra.

—Potser volia dir que era el millor per a ell —diu en Nicòstrat—. Els humans ho fan, això, depèn del cas canvien les paraules... És una cosa que els meus xips no acaben d'entendre...

—És difícil... De vegades jo tampoc no ho entenc... o no ho vull entendre —diu la Rut, trista.

—Però... i les caigudes? La Milagros es pot fer molt mal! —per primer cop en la seva existència nota que canvia el to d'una frase i exclama amb força, perquè dins seu neix la indignació.

—En Vicenç diu que ho fa per cridar l'atenció.

—No ho entenc —en Nicòstrat busca als seus discos durs un possible argument que doni sentit a l'opinió d'en Vicenç, però no el troba—. És estrany, aquest home. Està malalt? Què li passa?

—No ho sé. Abans —diu la Rut—, fa temps, quan ens vam casar, jo era una persona per a ell... Ara... no sóc res —la Rut abaixa la mirada i es posa les mans als ulls—. De fet, no tinc res —i torna a mirar el robot.

En Nicòstrat la mira i escaneja els seus ulls en silenci, amb la seva cara de ferro, seriosa.

Zzzzzzzzzz (escàner d'anada).

Zzzzzzzzzz (escàner de tornada).

Veu aigua que surt dels ulls de la Rut.

—Això és plorar, oi? —diu en Nicòstrat.
—Sí —contesta la Rut—. Són llàgrimes. De dolor.

Zzzzzzzzzz (escàner d'anada).

Zzzzzzzzzzz (escàner de tornada).

—Rut, les meves dades m'indiquen que t'equivoques. Tens els teus fills —mentre en Nicòstrat diu aquestes paraules, la Rut el mira amb els ulls ben oberts—. I encara tens la teva mare —el robot, amb una gran precisió, acosta una mà a una galta de la Rut i li eixuga una llàgrima—. I jo també et puc ajudar a tirar endavant.

—Gràcies —la Rut somriu una mica.

—I sobretot... també et tens a tu mateixa... si vols, és clar. Per què no t'estimes més?

La Rut el mira i fa que sí amb el cap molt a poc a poc. De fons, se sent en Vicenç que crida i demana el dinar: «Què passa?! Portes el dinar o què?! Va, que tinc fam, sisplau! El «sisplau» és un recurs que endolceix les paraules d'un tirà casolà.

Ara la Rut va cap al menjador amb l'olla d'escudella i comença a posar-ne als plats.

—Va, Vicenç, a taula!

—Ssss, ssss, ssss! —en Vicenç, que ja s'aixecava del sofà, ara s'atura i mira una notícia esportiva a la tele que li interessa especialment; es posa el dit índex a la boca per fer callar la Rut.

La Rut mira a terra i fa que no amb el cap. Tanta pressa i tanta fam i l'han d'esperar. Els seus fills i la Milagros ja són a taula, però no comencen a menjar; l'esperen, perquè si no ho fan, en Vicenç s'enfada. Ell encara seu al sofà. Ara busca un resultat d'un equip de futbol al teletext. Ho fa amb tant d'interès que sembla que si no ho troba en aquell mateix moment pot perdre la vida.

Capítol 10

El vampir

Durant tota la tarda en Nicòstrat mira el carrer per la finestra. Aquell noi no es mou d'allà i no para d'observar la porta de la finca. Per primera vegada a la vida, el robot experimenta la sensació d'estar nerviós. Cada cop més. Perquè no li agrada aquella presència. Es pensa que l'està vigilant.

En Quim, tossut, aguanta dret i enamorat al mig del carrer perquè vol tornar a veure aquella noia tan bonica. I ara, quan menys s'ho espera, un cotxe posa els intermitents i s'atura davant l'edifici. Ella surt del vehicle. El cor d'en Quim fa un salt, i un altre, i un altre. L'emoció és absoluta. Fins que passa el que passa.

—Hola, Marta! —una veu d'home crida des d'un balcó d'un altre edifici.

—Hola, Gustau! —la Marta es gira i saluda entusiasmada un noi. En Quim és allà, a prop, però ella ni tan sols el mira.

—Com estàs? —diu en Gustau.

—Jo bé —respon la noia—. Era al zoo amb els meus nebots, aquest matí. I tu, com va tot?

—Mira, bé, anar fent. Escolta, et volia trucar. Què et sembla si avui anem a sopar fora?

—Però si ja ho vam fer divendres, això! —diu la noia, que riu.

—Bé, és que... —el noi parla amb un to que demostra un punt de vergonya— l'altre dia em van quedar coses pendents per dir-te i...

—Quedem a les nou, doncs. Fins després! —la noia saluda, riallera, aquell noi. Ell també ho fa.

En Quim està histèric i segueix la noia fins a la porta de l'edifici. Es posa darrere seu mentre ella fica la clau al pany i obre la porta.

—Entres? —li pregunta ella en veure'l.
—Sí, gràcies —diu en Quim, que està molt seriós.

Pugen a l'ascensor. Ella prem el quatre. Ell prem el cinc i la mira fixament a la cara, en silenci. La noia se sent incòmoda i mira a un altre cantó. En Quim la repassa de dalt a baix. Quan arriben al quart pis, la Marta surt de l'ascensor, diu «adéu» i camina cap a la seva porta. Respira fondo perquè no li agradava, aquell paio. Però mentre fa girar les claus de la porta del seu pis, s'adona que la porta de l'ascensor no es tanca. Es gira. Veu aquell noi que la mira fixament. Ara surt de l'ascensor, que finalment continua buit fins al cinquè pis. La Marta, espantada, obre la porta per entrar a casa seva, però llavors en Quim li parla.

—Espera't! T'he de dir una cosa!

La Marta es gira, ja dins el pis. Però no tanca la porta. Per educació. El mira molt estranyada.

—És que... —continua en Quim—, costa molt de dir..., però... estic molt enamorat de tu.

La noia es queda molt parada. No sap què dir.

—Però... —comença a dir la Marta— si no et conec de res...
—Com que no em coneixes? —en Quim ho diu una mica enfadat, però de seguida abaixa el to de veu—. Ahir al matí, mentre jo descarregava una caixa d'una furgoneta, em vas saludar, i em vas somriure, i em vas mirar amb aquests ulls tan macos que tens, i des de llavors que visc i no visc, m'entens?
—Ho sento, però no sé de què em parles... —diu la Marta amb la veu fluixa—. T'he de deixar, tinc feina —diu, més decidida però amb cara de por, mentre tanca la porta.
—Espera't. Deixa'm entrar! Vull parlar amb tu, sisplau! Estic patint molt!

La Marta acaba de tancar la porta. En Quim s'enfada molt. Truca al timbre insistentment un parell de vegades, però ella no l'obre. En

Quim ara baixa per les escales de l'edifici pensatiu. Surt al carrer. Va cap al metro. Paga el bitllet. Just quan arriba a l'andana s'obren les portes del vagó i hi entra. Quan és dins fa que no amb el cap. Està molt trist. Llavors pensa que no, que no pot ser, i surt del vagó, just en el moment en què sona el xiulet per tancar les portes. Surt al carrer. Torna enrere. Ara torna a ser davant l'edifici on viu aquella noia, quiet, seriós, més amagat que abans en un portal. Encara que en Nicòstrat, inquiet, el veu perfectament. En Quim espera que la noia torni a sortir de casa. Són les sis de la tarda i sap que avui ella va a sopar fora. És qüestió d'esperar unes quantes hores. Perquè li vol dir que l'estima molt, moltíssim. Pensa que si l'hi torna a explicar, bé que ho ha d'entendre.

I les hores passen: lentes per a en Quim i ràpides per a la Milagros.

Al vespre tornen a acompanyar la mare de la Rut a casa seva. Viu molt a prop. A quatre carrers. Però l'han de portar en cotxe perquè si van a peu pot caure. Quan tornen, sopen d'hora. No parlen. Si ho fan, en Vicenç els fa callar perquè té mal de cap. Més tard, mentre la Milagros es fica al llit a casa seva, sola, la Rut pensa amb tristesa en la seva mare i cuina popets amb ceba i tomàquet. És el dinar de demà. Compleix la seva promesa: cuinar més i millor per al seu marit, ara que té el robot. La Martina ja dorm. L'Ermengol mira la tele. En Vicenç llegeix el diari al sofà.

En Nicòstrat ara acaba de rentar els plats i torna a mirar per la finestra. Encara hi ha aquell noi mig amagat a un portal, assegut. Però ara s'aixeca de cop i, després, es gira d'esquena i s'amaga del tot. Hi passa alguna cosa, allà baix. El robot ara veu una noia que surt del seu edifici. És una veïna de la Rut. Es troba al carrer amb un noi. Tots dos somriuen. A en Nicòstrat li passen pel cap milers d'escenes de pel·lícules en què es veuen trobades d'enamorats. Són molt semblants. Les seves dades el porten a la conclusió que aquell parell s'estimen. El robot veu que, mentre els enamorats marxen parlant pel carrer, el noi misteriós amagat treu el cap pel portal i els mira, segons les seves dades, amb ràbia. Al cap d'un moment, el noi se'n va en la mateixa direcció que els enamorats. Ara en Nicòstrat, per primera vegada a la vida, fa una suposició: aquell noi no el seguia a ell.

Però una suposició no apaga el foc de la inquietud. I en Nicòstrat està inquiet com una persona. Per això, cada cinc o deu minuts, mira per la finestra el carrer, perquè vol comprovar si hi ha aquell noi una altra vegada, perquè no li agraden els espies, perquè no es vol sentir vigilat, perquè, en el fons, ell encara no ho sap, té por de perdre aquesta vida domèstica que ara viu, des de fa dos dies.

L'Ermengol entra a la cuina. Abans d'anar a dormir, sempre es prepara un got de llet.

—Hola, Nicòstrat. Què fas?

—Hola, Ermengol. Doncs mira, netejo la nevera per dins, que estava més aviat bruta.

—No pares, eh?

—No em canso, jo. A més, m'agrada fer-ho.

—I què és el que més t'agrada fer?

—Eh? —el robot el mira amb cara de robot, però pel gest en moure el coll i el to de la veu es nota que no entén la pregunta.

—Dic que què prefereixes... A tots ens agrada més fer unes coses que les altres... No ho sé, potser tu t'estimes més rentar plats que passar l'aspiradora... o escombrar, més que no pas endreçar... —diu l'Ermengol mentre omple un got de llet.

—Ah! Mmmm... —en Nicòstrat ara veu tot de números i lletres que li baixen del cervell i li passen pels ulls i s'adona que, efectivament, a part de les seves dades, fredes i grises, hi ha alguna cosa dins seu que li indica unes preferències—. Doncs ara que ho dius... sí... el que més m'agrada és netejar el lavabo i planxar la roba. I a tu?

—Ostres, ets ben estrany, tu, eh?! Mmmm... Doncs a mi, rentar els plats..., tot i que ara ja no faig res —diu l'Ermengol mentre posa Cola-Cao a la llet—. El pare m'ho va prohibir. Diu que això no és cosa d'homes. És una mica d'aquella manera...

—«D'aquella manera» vol dir «problemàtic», oi?

—Sí.

—Ja. Les meves dades m'indiquen que viu en una altra època.

L'Ermengol i en Nicòstrat es queden en silenci. El noi beu una mica de llet. El robot torna a mirar per la finestra.

—Què mires? —diu l'Ermengol.

—El carrer.

—Que tens ganes de sortir?

—Mmmm... sí —en Nicòstrat diu que sí per no dir que mirava si hi tornava a haver el noi misteriós que l'inquieta.

—És normal. Vols veure món, oi?

—Home... no. De fet, el conec tot. Tinc tot el món dins meu. Des de les piràmides d'Egipte fins a la Gran Muralla Xinesa, passant pel Colosseu, Santa Maria del Mar i les coves de la Vall d'Uixó. Les meves dades em permeten conèixer-ne tots els detalls sense anar enlloc.

—Ja —l'Ermengol se'l mira seriós—. De tota manera, em sembla que no és el mateix que anar-hi en persona... o en robot...

En Nicòstrat el mira fixament. Els ulls se li posen ara d'un vermell fosc, ara d'un vermell viu i clar, ara fosc, ara clar. Pensa que l'Ermengol potser té raó. Les seves dades li indiquen que els éssers humans, gràcies a les vivències, tenen sensacions molt intenses que van més enllà del que és fred i racional.

—Però tu vols sortir, oi? —diu l'Ermengol—. Si vols, et convido a una festa.

—Una festa?

—Sí, de disfresses. A casa d'un amic. Hi ha noies i begudes i música...

—No, no, jo sóc un robot, Ermengol. Gràcies, però no.

—Però segur que t'ho passes molt bé!

—No, no —en Nicòstrat acompanya les paraules amb un gest negatiu de la mà.

—Com vulguis...

En Nicòstrat torna a mirar per la finestra. L'Ermengol no ho acaba d'entendre.

—Però, què mires? —diu el noi mentre es posa al costat del robot i també mira per la finestra—. Ostres! És el veí vampir!

—El veí vampir?

—Sí, aquell d'allà!

El veí misteriós ara és al carrer. Té un drap a la mà. Mira a un cantó i a l'altre mentre camina cap als carrers petits i foscos que hi ha més avall. Quan arriba a la cantonada, fosca, agafa el drap i se'l posa per damunt la cara.

—És una màscara! —crida l'Ermengol.

—Una màscara de... —en Nicòstrat busca i rebusca en la seva base de dades— de... —finalment ho troba— de Spiderman.

—Però com ho veus, de tan lluny!? A més, és molt fosc!

—Estic preparat per fer-ho. Això no és gens difícil per a mi.

—No ho entenc... Què significa? Un vampir que es posa una màscara de Spiderman! —diu l'Ermengol pensant en veu alta.

—Escolta, Ermengol, els vampirs existeixen? Les meves dades m'indiquen que no.

—Ui, les meves dades, les meves dades... és clar que existeixen! Hi ha moltes coses que no sabem, d'aquest món... Molts misteris per resoldre. Aquest home només surt de nit, Nicòstrat. Això quasi que ja ho prova tot. Segur que al seu pis dorm dins un taüt, una caixa de morts, saps? I ara se'n va a mossegar algú. Segur. Són perillosos.

—Perillosos?

—Sí. Si et mosseguen et converteixes en un d'ells... —diu l'Ermengol en veu baixa—. Per això tots els veïns tenim por i l'evitem tant com podem.

En Nicòstrat pensa. És un robot programat per eliminar perills i gent perillosa. I, a més, s'adona que si no fa res els pot passar alguna cosa, a la Rut, a l'Ermengol i a la Martina. No es pot imaginar una casa amb un robot, tres vampirs i en Vicenç... que si també s'hi torna... Nota dins seu, i no sap per què, que aquesta possibilitat el preocupa molt. Els seus circuits ara pateixen.

—Ermengol, et vull demanar una cosa —diu el robot.

—Digues.

—Una màscara.

—De Spiderman?

—No, normal, de persona. En tens cap?

—Sí. En tinc una d'avi.

—I roba?

—Home, a casa l'àvia, la Milagros, segur que encara hi ha roba del meu avi.

—És mort?

—No, se'n va anar amb una noia de vint anys... Si vols demà hi vaig i n'agafo, de roba.

—Sí, sí, vull seguir aquest paio.

—De veritat?

—Sí. No m'agraden, els vampirs.

—Que guai! Puc venir amb tu?

—No. Millor que no, és perillós.

—Ah... vaja... bé, doncs quedem així, demà t'ho porto.

L'Ermengol està trist i comença a marxar de la cuina. En Nicòstrat recorda la conversa per telèfon entre l'Ermengol i un amic. «Maria», «amfetes». Els seus ulls es tornen d'un vermell viu perquè ara, per segon o tercer cop a la vida... o potser és el quart cop?, té una idea.

—Espera't! —diu el robot; l'Ermengol es gira—. Vull venir a la festa.

—De debò? —diu el noi, amb il·lusió.

—Sí. Però no sé de què m'he de disfressar... D'avi, potser?

—No, no cal. Vine tal qual, de robot. Segur que flipen.

Capítol 11

En el temps de dir: «HO»

Dilluns al matí, qui té feina corre com un robot cap al seu lloc de treball. Al Parc Tecnològic del Vallès l'activitat és molt gran. Menys que abans de la crisi, com a tot Catalunya, perquè l'atur no perdona. Però per sort en aquest país, encara hi queden persones assalariades: algunes que treballen de debò i altres que només ho fan veure.

Avui, al Parc, arriben els americans. I ho fan a primera hora.

En Macià Falgar, el coordinador del Primer Projecte de Col·laboració Cientificotecnològica entre els Estats Units, Catalunya, Andorra i Portugal, és el primer que els rep, somriu i diu: «Nice to meet you». En Donald McDonald, cap de Robòtica AI&UPS (sigles d'intel·ligència artificial i sistemes d'alimentació ininterromputs), li dóna la mà i li contesta: «Molt de gust». Darrere en McDonald hi ha quatre científics nord-americans, i darrere en Falgar n'hi ha tres de catalans. Ara, després de la salutació dels caps, tots s'ajunten i se saluden.

La Carrasco diu:

—Hello, my name is Gemma.

I un americà alt li respon amb un somriure i aquestes paraules:

—Hola, què hi ha? Em dic Michael.

I alhora una noia rossa i maca s'acosta a en Magí Alerm, li mira l'etiqueta identificativa i li pregunta:

—Maggie?

—No, no —respon ell—, Magí, Ma-ggggí, amb la «g» de ginebra, no la «g» de gat! And you? What's your name? És que no puc llegir el teu nom; aquest matí, no porto les lentilles.

—Emma, em dic Emma, com va això?

I alhora la Mar Nin parla amb una dona que es diu Hannah, i un americà petit i lleig, en Luke Skybroker, es queda sol i no sap qui saludar, i diu «Hola», i estén la mà ara aquí, «Ei, què hi ha?», ara allà, «Què fem?»...

I de cop i volta, hi ha un moment de pausa, tots es giren, l'un es mira a l'altre, i l'altre a l'un, i somriuen, i canvien de parella, la Carrasco amb el McDonald:

—I'm from Parets del Vallès.

L'Emma amb en Falgar:

—Jo vaig néixer a El Paso, Texas.

En Michael amb la Mar Nin:

—Are you married?

La Hannah amb en Magí:

—El meu pis és un àtic sense ascensor, però si vols venir...

I l'Skybroker es torna a quedar sol... perquè no són parells... en Ramon Rabell és a un hospital psiquiàtric.

Passen vint minuts. La cordialitat és tan gran que hi ha un moment que els nord-americans estan a punt de saludar-se entre ells mateixos. La Mar Nin, de fet, es troba de cara amb la Carrasco i li diu: «I què, com estàs? Fa temps que no parlem, eh?». Però en Falgar i en McDonald tenen moltes ganes d'anar cap a la sala de vidre i interrompen aquest retrobament tan bonic.

Quan arriben a la sala de vidre, els nord-americans es queden en silenci. Miren a un cantó i a l'altre de la sala. Només hi veuen, al mig, un objecte circular. Molt petit. De color blanc i negre.

—Falgar... —diu en Donald McDonald amb el seu accent nord-americà— però... on és el robot?

—Eh? —en Macià Falgar està desconcertat, no entén la pregunta.

—On és el robot? —repeteix en McDonald.

—És allò —mentre en Macià diu allò li vénen al cap les paraules d'en Ramon Rabell: «Cordons! No és el robot! És una aspiradora!», i afegeix amb la veu fluixa—: oi?

Ara mateix, al Parc Tecnològic del Vallès hi ha un sidral descomunal. Dir un sidral descomunal és gairebé el mateix que dir que tothom està molt i molt nerviós, sigui alt o baix, maca o maco, gras o grassa, rossa o ros... Els nord-americans criden i diuen paraules molt lletges. Pregunten als catalans: «Però com es pot perdre un robot nuclear?». I exclamen: «La humanitat està en perill!». I truquen al Pentàgon, i l'Obama, tan pacífic ell, quan ho sap no té més remei que mobilitzar avions i vaixells de guerra, a punt per envair, si cal, Catalunya. Els catalans corren amunt i avall. Investiguen com va anar tot plegat. Saben del cert que el robot va pujar a l'avió que el portava dels Estats Units a Catalunya, però a partir d'aquí ja no en saben res més. Truquen a l'aeroport. Els diuen que, efectivament, uns treballadors van canviar les adreces d'alguns paquets enviats des dels Estats Units en la data indicada, fa cinc dies. I també, que ja saben qui són els culpables. Els volen posar una multa, com a mínim.

—Però què dieu?! —crida en Falgar, que té en McDonald al costat—. Ara truco als Mossos. Els hem d'agafar! Això és molt greu! És un crim contra la humanitat!

Quan en Ramon Rabell, cap al migdia, arriba al Parc, tothom està més tranquil. El cap de la policia catalana acaba de dir-los que no poden tardar gaire a saber on va anar a parar el robot. «És una investigació fàcil», diu l'agent que s'encarrega del cas, «dissabte i diumenge vam recuperar fàcilment altres objectes que van anar a altres llocs, com un Fórmula 1, que va anar a un concessionari de Sant Just Desvern, i un Urban Cruiser, que va anar al Circuit de Montmeló». En Falgar s'amaga a la màquina del cafè, però en Ramon Rabell s'hi acosta enfadat: «Ja t'ho deia! Ja t'ho deia, jo!». I en Falgar no pot fer altra cosa que admetre-ho: «D'acord, tens raó, no et vaig escoltar prou, però tothom es pot equivocar, eh?! Tothom es pot equivocar!».

* * *

A la tarda, en Nicòstrat mira per la finestra perquè vol comprovar si hi ha aquell noi estrany al carrer, mig amagat en un portal. No l'hi veu. La Rut s'hi acosta.

—Què mires? —diu ella, i el robot es gira i la mira.

—El carrer, la gent... —en Nicòstrat s'adona que és la primera vegada que no diu tota la veritat. Els seus circuits, no sap per què, ara se senten més lliures—, hi ha molta activitat.

—Avui és dilluns. Per això es veu més gent al carrer. Els caps de setmana molta gent fa festa. Els altres dies es treballa.

—Treballar. Ja t'entenc. Però, exactament per què treballeu?

—Doncs... per guanyar diners i poder viure.

—La vostra existència depèn d'això?

—Home, cal comprar menjar i roba. I s'ha de pagar la llum, i l'aigua, i la hipoteca...

—Buf!, sort que sóc un robot... Jo no tinc fred ni calor. Ni necessito menjar ni beure. Ni em cal cap casa. Jo no necessito diners.

—Doncs no saps la sort que tens —diu la Rut—. En aquest món, tothom en vol, de diners. La gent es pensa que és lliure, però no ho és. Avui dia els diners et fan més maco, o més lleig, més alt o més baix. Fins i tot hi ha gent que viu pels diners, somia diners...

Es fa el silenci. En Nicòstrat es gira i continua mirant per la finestra.

—Què penses? Perquè tu penses, oi? —diu la Rut.

—Sí. A la meva manera, sí. I saps què? Penso que el vostre instint de supervivència té el color dels bitllets. Que aquests papers inventats us donen una seguretat de mentida. Una felicitat amarga. Això és el que m'indiquen les meves dades. Sou bastant infantils, els humans.

—Tens raó —diu la Rut, que triga uns quants segons a tornar a parlar—. Però, Nicòstrat... vols dir que això que dius només t'ho indiquen les teves dades?

—Què vols dir? —pregunta en Nicòstrat.

—Que em sembla que arribes a conclusions, que tens un pensament propi, unes idees... és ben bé que sembles una persona.

—No, jo no estic programat per fer de persona —en Nicòstrat ho diu enfadat.

—Segur?

—Rut, jo no tinc les vostres necessitats bàsiques. A més, les meves dades m'indiquen que són perjudicials. Perquè un cop satisfetes es transformen en necessitats més grans, falses i absurdes. I per això la història de la humanitat és plena de barbaritats.

—Mira, jo no hi entenc, però em sembla que tot això no t'ho diuen les teves dades, Nicòstrat. Són les teves pròpies idees a partir de les teves dades, igual que qualsevol persona —diu la Rut, convençuda.

—Jo sóc un robot, no sóc una persona! —exclama en Nicòstrat.

—Però ets com una persona.

—Les meves dades m'indiquen que no.

—Ets tossut com una persona —diu la Rut, que riu una mica.

—Et dic que no! —exclama, molest, el robot.

—No t'has d'enfadar, Nicòstrat... però... vaja, és que... fas coses molt de persones...

—No —diu, sec, el robot, que es gira i mira per la finestra. La Rut el mira en silenci. Es gira. Marxa de la cuina. Es torna a girar.

—Saps una cosa, Nicòstrat? Em sap greu, però les coses s'han de dir: fas com tothom! T'enganyes a tu mateix!

La Rut surt de la cuina. En Nicòstrat es gira. Després es mira el cos. Les mans. Les obre, les tanca. Ara les seves dades no li indiquen res amb claredat.

* * *

Aquell mateix dia, al vespre, en Vila Vulpellac, el número dinou de l'ERO, és a casa i juga amb el seu fill i la locomotora Thomas i en Percy i l'Emily i en Billy. Però llavors truquen a la porta. És l'Escobar Correa. En Vila Vulpellac l'obre. L'Escobar Correa entra corrent a casa seva, fa mala cara.

—Daniel! Què et passa?! —diu en Vila Vulpellac, alarmat.

—Hem de fugir, Manel!

—Però, què dius? Per què?

—Saben que vam canviar les adreces!

—Qui ho sap?

—L'empresa.

—Com?

—No ho sé.

—I per què hem de fugir?

—La policia... —a l'Escobar Correa li costa respirar mentre ho diu— era... fa un moment... a casa meva... Em buscaven. Jo tornava del barber. Hi havia una furgoneta dels Mossos a sota de casa. La meva dona em truca al mòbil. Em diu: «Hi ha la policia aquí. Et busquen. On ets?». I jo li dic: «A la barberia. Tot just ara m'agafen, nena». I penjo i em giro i torno per on venia, dissimuladament, i penso en tu, agafo l'autobús, corro cap a aquí, perquè tinc por, Manel! Tinc molta por! No vull anar a la presó! No vull anar a la presó! Ho entens? —l'Escobar Correa es posa molt i molt nerviós. La dona i el fill d'en Vila Vulpellac miren l'escena a distància, en silenci.

—Tranquil, Dani! No passa res! Només són unes adreces canviades! No ens poden ficar a la presó per això!

—No?

—No!

—Segur?

—Segur! En tot cas una multa! Això sí! Una bona multa! Però ja està!

—Ah, és clar —l'Escobar Correa respira fondo.

En aquell moment, des del carrer, truquen al pis d'en Vila Vulpellac. L'Escobar Correa comença a tremolar i es posa vermell i li cau una llàgrima. En Vila Vulpellac va cap a l'intèrfon que hi ha al rebedor i contesta.

—Sí?... —contesta en Vila Vulpellac, tranquil·lament—. Jo mateix... Endavant.

En Vila Vulpellac torna al menjador. L'Escobar Correa el mira molt preocupat. Està molt nerviós.

—Qui és?

—Estigues tranquil, home!

—Però, qui és? —insisteix l'Escobar Correa.

—La policia.

—Aaaaaaaah! No vull anar a la presó! Fugim!

—Però, què passa aquí?! Per què us ve a buscar la policia? —crida la dona d'en Vila Vulpellac, alarmada.

—Tranquil·la, no passa res —diu en Vila Vulpellac a la seva dona—. Ens vénen a posar una multa.

—Una multa? —pregunta la dona.

—Sí, és clar.

—Jo no ho tinc tan clar! Fugim! —crida l'Escobar Correa—. Encara hi som a temps!

—No! —en Vila Vulpellac es posa molt seriós—. Hem de ser valents, Dani! Jo crec en la justícia d'aquest país! Perquè és discreta i seriosa i moderna, entre moltes altres coses!

—Però... —diu l'Escobar Correa— ara... potser se'ns emporten a comissaria...

—No, home, no... —en Vila Vulpellac fa que no amb el cap—. Segur que no. El noi amb qui acabo de parlar era molt agradable. Ara l'hi expliquem tot i ja està.

En aquell moment piquen a la porta. En Vila Vulpellac somriu i dóna un copet a l'espatlla de l'Escobar Correa per animar-lo. Després, va cap al rebedor per obrir la porta. Ho fa. En el temps de dir «HO» de la paraula «hola», cinc mossos d'esquadra se li tiren al damunt, el llancen a terra, l'anul·len com a persona. La dona d'en Vila Vulpellac crida i agafa amb força el seu fillet, que plora molt i està molt vermell i també crida molt i sense parar. L'Escobar Correa, blanc, ara té una bassa petita als peus, perquè uns altres cinc policies són davant seu i l'apunten amb pistoles i metralletes.

CAPÍTOL 12

El moment oportú

DIMARTS, 23 DE FEBRER

BUSQUEN UN ROBOT NUCLEAR

La NASA, la Intel·ligència Aeroespacial Catalana i l'Associació Espanyola Neoluddita i Cosmopolita investiguen a hores d'ara on és el robot que es va perdre fa tres setmanes a causa de l'actuació de MVV i DEC, extreballadors de terra del nostre aeroport.

Els Mossos d'Esquadra diuen que «tranquils, perquè tot està sota control» i insisteixen que «trobarlo és qüestió de pocs dies, fins i tot d'hores». A més, oficialment classifiquen aquest fet com a nivell 0 en l'Escala Internacional de Successos Nuclears (INES), és a dir, es considera que no té cap mena de perill. De tota manera, un periodista d'aquest diari va sentir que un agent comentava a un altre això: «Estem fumuts, nen. Podria ser un nivell 7. Aquest robot és com una bomba nuclear amb potes».

A fi d'anar més de pressa, les autoritats demanen la col·laboració ciutadana. El retrat robot del robot és el següent: és gairebé igual que el del film *Terminator*, aquell que deia «saionara, baby», però té dues orelles i, a la part de dalt del cap, dues antenes petites. Ve a ser un *restyling* (remodelació) del robot de la pel·lícula.

La Rut arriba a casa després d'anar a mercat i ara té el diari a les mans. El mira per sobre. En Nicòstrat, mentrestant, passa l'aspiradora pel pis. Però, de cop i volta, es troba la Rut al davant, que fa cara d'estar molt preocupada.

Zzzzzzzzzz (escàner d'anada).

Zzzzzzzzzz (escàner de tornada).

—Què et passa? Les meves dades m'indiquen que estàs nerviosa.
—Sí, ho estic. Mira. Et busquen —la Rut li ensenya l'article del diari. En Nicòstrat fa que no amb el cap.
—Ho sento, Rut.
—Ets un robot nuclear?
—Ja sabies que jo no era el robot aspiradora que vas demanar per Internet.
—Sí, d'acord, però contesta la pregunta: ets un robot nuclear?!
—Sí, ja t'ho vaig dir, per això no necessito corrent elèctric ni res per sobreviure.
—Déu meu! —la Rut es fa enrere, espantada.
—Rut, tranquil·la! No sóc més perillós que la central nuclear d'Ascó!
—Au, Maria! Vaig a trucar a la policia!

La Rut agafa el telèfon sense fils. En Nicòstrat la mira de lluny, amb els ulls cada vegada d'un vermell més viu. La Rut marca el zero vuit vuit. El robot sap que pot aturar-la. Pel seu cervell electrònic passen mil i una maneres de llançar-s'hi al damunt en un segon. Algunes acaben molt malament. Ara la Rut es posa d'esquena, mentre escolta els piiiiips de la trucada. D'aquí a un moment segur que contesta algú. En Nicòstrat camina ràpid i sense fer soroll i ara ja és a pocs centímetres de la dona. El robot obre la mà, tanca la mà, alça el braç a l'altura del coll de la Rut, obre la mà.

I just llavors s'adona que no ho pot fer, no sap ben bé per què, potser perquè aquella dona el va acollir a casa sabent que ell no era el que volia, potser perquè el tracta bé, com una persona. Potser precisament per això, perquè en la seva vida anterior el tractaven com una màquina experimental i jugaven amb ell com un objecte i ara, en canvi, és alguna cosa més. En Nicòstrat tira el braç enrere, l'abaixa, tanca la mà, mira a terra, i la Rut se'n va caminant cap a la cuina sense adonar-se'n.

—Comissaria General dels Mossos d'Esquadra. Digueu.

La veu d'aquella noia bloqueja la Rut, que no pot parlar.

—Comissaria General dels Mossos d'Esquadra. Digueu!

La Rut s'adona just llavors que no ho pot fer, no sap ben bé per què, però li sap greu. Perquè el robot no ho admet, però ella sap que és com una persona. Una bona persona que l'ajuda a casa i que és amic dels seus fills i de la seva mare i que no fa altra cosa que preocupar-se per ells. Sap que hi pot confiar i es pregunta ara, de cop i volta: «I ell? Pot confiar en mi?». La Rut penja el telèfon. Pensa que només fa tres dies que el robot és a casa, però que la seva vida canvia cada hora que passa. Ell, amb fets i paraules, està transformant la seva visió del món i del viure. La Rut surt de la cuina i es troba amb el Nicòstrat de cara.

—Gràcies —diu el robot, seriós.
—Has de fugir.
—Sí. Però encara no.
—Què vols dir?
—He de resoldre un parell de coses. Només et demano temps fins divendres.
—Potser la policia ve abans.
—És possible. Però m'hi vull arriscar.
—Per què?!
—Ahir vaig sortir de casa i vaig seguir el vostre veí vampir.
—Vas sortir de casa? El veí vampir? —la Rut fa cara d'estranyada.
—Sí, a la nit. Vull dir el veí aquell de la pinta.
—Ah! Ara t'entenc... I dius que el vas seguir? Vas sortir al carrer?!
—Sí, disfressat amb una màscara d'avi i roba del teu pare. M'ho va donar l'Ermengol.
—Coi de nano! —crida la Rut, enrabiada.
—No t'has d'enfadar amb ell. Em va explicar que els vampirs són perillosos, i jo el vull agafar.

—Nicòstrat, els vampirs no existeixen. L'Ermengol és jove i té molta imaginació... De tota manera... és veritat que aquest home fa por.

—I encara més si et dic el que vaig veure ahir: a més de la màscara de Spiderman i la pinta, porta un ganivet enorme, de carnisseria, i es dedica a perseguir noies.

—Què vols dir?!

—Aquell home camina a poc a poc, sense fer soroll, per carrers sense gaire llum, petits, solitaris. Busca noies joves. Quan en veu una camina més de pressa. La segueix fins al seu portal mentre amb la mà agafa amb força el ganivet que porta a la butxaca de l'abric. Ahir ho va fer fins a vuit vegades.

—Nicòstrat! —la Rut està molt alarmada, gairebé tremola—. No pot ser... —es posa les mans al cap— al barri... hi ha... —a la Rut li costa parlar—. Fa temps que... és increïble... busquen... un violador! Potser és ell! El nostre veí!

—Un violador? —el robot pensa durant uns segons—. Mmmm... però és que... mmmm... les meves dades m'indiquen que els violadors ataquen les víctimes.

—I?

—Doncs que ahir va tenir les vuit noies que va seguir a l'abast, molt a prop, a tocar... però no va fer res. No en va atacar cap.

—Mmmm... —la Rut no sap ben bé què dir— potser... potser... sabia que el seguies...

El robot fa que no amb el cap mentre la Rut el mira, seriosa.

* * *

Aquell mateix dia, a la nit, uns quants pisos més amunt d'on viu la Rut, un home amb els cabells tenyits de ros té un malson i es desperta. S'aixeca de cop del llit. L'habitació és bruta i fosca. De tant en tant hi corre algun escarabat. Davant el llit hi ha una taula plena de retalls de diari. Una de les parets, també ho és. Totes les notícies retallades són de casos de violacions d'arreu del món.

L'home seu ara en una cadira, davant la taula. Agafa amb una mà l'enorme ganivet de carnisseria que porta cada nit a una butxaca de l'abric. Mira les fotos de les notícies penjades a la paret, de noies primer desaparegudes i que després van aparèixer violades i assassinades. Ho fa mentre s'omple un got de whisky escocès. Guarda el ganivet dins un calaix.

Ara fa un glop, obre un altre calaix i en treu la màscara de Spiderman, l'home aranya. L'agafa amb la mà. La mira. Posa cara de ràbia. Tanca la mà. La màscara queda atrapada entre els seus dits. Alça la mirada. Fa un altre glop de whisky. Deixa la màscara damunt la taula. Es gira sense aixecar-se de la cadira. Darrere tot és fosc, però hi busca alguna cosa.

Llavors encén un llum que hi ha damunt la taula, l'enfoca cap a una paret. És plena de papers. De calendaris. Hi ha tots els mesos de l'any enganxats, l'un darrere l'altre. El primer mes que hi ha a l'esquerra és el mes d'abril de fa tres anys. Els primers dies del mes no estan ratllats, en canvi, el 12 d'abril està ratllat en vermell. A partir d'aquell dia, tots els altres estan ratllats en negre. Es posa a plorar.

* * *

En aquell mateix instant, en Quim mira el calendari que hi ha penjat a la paret de la seva habitació. És al pis d'estudiants, sol. Ara abaixa la mirada i passa la punta d'una navalla per les ungles dels dits de la mà esquerra. Sent un senyal sonor a l'ordinador. Alça la mirada. Mira la pantalla de l'ordinador. Té un missatge de correu electrònic. Deixa la navalla dins el calaix que estava obert. El tanca. Agafa el ratolí. Obre el missatge.

Envia:	Ada
Per a:	Quim
Tema:	Pensa-hi

Hola, Quim,

Però com se t'acut seguir-la fins a casa seva i declarar-t'hi! Es deu pensar que ets un sonat! És una autèntica bestiesa!

Mira, som amics de fa anys, i ja saps que sempre et parlo amb sinceritat. Ahir vaig pensar molt en el que et passa. Quan dissabte em vas dir que estaves tan enamorat i que paties tant em vaig preocupar, com a amiga teva que sóc, ja ho saps, però aquest cap de setmana vaig parlar amb el meu xicot del que et passava. Ell em va fer veure que aquesta història no és nova. Almenys ell ja era l'enèsima vegada que sentia això mateix. I aleshores me'n vaig recordar: és veritat! Sempre t'enamores així! Pensa-hi! I sempre dius que és diferent dels altres cops... Potser ho vius amb massa intensitat, no trobes? Per què no t'ho prens amb més calma? No cal patir tant!

I una altra cosa: pensant-hi, pensant-hi, m'adono que sempre t'enamores i al cap d'uns quants dies te n'oblides. Com és?

Un petó,
Ada

Quan acaba de llegir el missatge, en Quim fa que no amb el cap. Posa els dits damunt el teclat i comença a escriure.

Envia:	Quim
Per a:	Ada
Tema:	Re: Pensa-hi

Ada,
Ja veig que no entens res. I no m'agrada el teu missatge: estic enamorat, no boig. En tot cas, estic boig per ella. I potser sí que sempre m'enamoro així... i què? Cadascú té la seva manera de ser i de sentir!
Que em passa ràpid? Sí, és veritat, saps per què? Perquè hi insisteixo i, com que sóc una persona transparent, busco el seu amor incondicional des del primer moment, i si em rebutgen, m'enfado. I els ho dic, això. Els dic que s'equivoquen. I no vull perdre el temps. Jo busco l'amor de la meva vida, i encara no sé qui és.
I què et penses? Que és el primer cop que segueixo una noia fins a casa seva? Sempre ho faig. Perquè penso que el millor és anar amb el cor a la mà i dir-li el que sento. Ella potser sent el mateix i em pot donar una oportunitat!

Quim

Després d'escriure el missatge, en Quim tanca l'ordinador. Mossega l'entrepà de truita que té damunt l'escriptori. Fa un glop de Trina. Mira l'hora. Són les deu de la nit. S'aixeca de la cadira.

* * *

A l'edifici on viu la Rut, la Marta també s'aixeca de la cadira. Ara mateix acaba de sopar. Avui surt amb una amiga per fer una copa. Li vol parlar del Gustau, perquè n'està força enamorada. I ell d'ella. Abans-d'ahir a la nit l'hi va mig confessar. Però necessita un bon consell per començar a sortir-hi o no. La Marta es maquilla molt perquè és molt presumida. És un costum que li ve de la seva mare. S'està més d'una hora al lavabo.

Al mateix edifici, l'home dels cabells tenyits de ros es mira al mirall i es pentina. Avui, com cada dia, surt de nit. Li interessa trobar noies joves. Surt del lavabo i guarda la pinta a la butxaca. Mira el rellotge de paret del menjador. Està parat. S'hi acosta. Hi dóna corda. Mira el seu rellotge de polsera. Ja són gairebé dos quarts de dotze de la nit. Posa l'hora correcta al rellotge de paret. Va cap al rebedor. Agafa un abric negre d'un penja-robes. Se'l posa. Es torna a ficar cap a dins el pis. Va cap a la seva habitació. Agafa la màscara de damunt la taula, el ganivet de dins un calaix. Els fica a les butxaques de l'abric. Va cap a la porta. Surt del pis. Agafa l'ascensor. Va fins a la planta baixa. Quan és al vestíbul, que està fosc, i abans de sortir al carrer, es troba un avi. Es diuen: «bona nit».

En Nicòstrat és al vestíbul, amb roba i una màscara d'avi. Cada vegada que sent l'ascensor fa veure que entra a l'edifici i camina cap a l'escala. Ara, per fi, es troba l'home dels cabells tenyits de ros. Es diuen: «bona nit». Un cop l'home surt per la porta de l'edifici, en Nicòstrat es gira i corre cap al carrer.

En Quim és dins un cotxe negre, aparcat, i mira l'entrada de l'edifici. Veu que en surt l'home dels cabells tenyits de ros i, al cap d'un moment, un avi una mica estrany, que camina força lleuger. Tots dos caminen en la mateixa direcció. De cop i volta, la noia dels seus somnis surt de l'edifici. En Quim es posa nerviós. Obre la porta del cotxe. La noia camina de pressa. El noi surt del cotxe, en tanca la porta i la segueix. Ara un carrer, ara un altre. A en Quim li fa molta il·lusió tornar a parlar amb ella. A més, li vol explicar que pateix molt. Només li cal trobar el moment oportú.

Capítol 13

Superheroi

Dins la cerveseria, ara mateix és l'Elisenda qui parla amb la Marta. A fora hi ha en Quim, que espera el moment oportú de parlar amb la seva enamorada. A través del vidre de la porta, les veu perfectament.

—No, no ens volem casar, però tenim moltes ganes d'anar a viure junts —diu l'Elisenda.

—Ja busqueu pis? —pregunta la Marta.

—Sí, de lloguer. Mira, de fet ja tenim dues possibilitats: ens agrada un pis que fa 53 m², amb dues habitacions i un lavabo. La cuina és molt petita, però és pràcticament nova perquè hi van fer reformes fa poc temps. Està tot moblat, però no té aire condicionat. És al centre de la ciutat. El problema és que són uns mil euros al mes.

—És car.

—Sí. I, a més, la finca no té ascensor...

Just en aquell instant, l'home dels cabells tenyits de ros veu una noia rossa que es fica dins un carrer estret i fosc. Accelera el pas per seguir-la. En Nicòstrat fa el mateix darrere seu. Ara la noia gira a mà dreta, i al cap d'un moment també l'home tenyit de ros, i després el robot. El carrer és curt. La noia sent passes. Es gira i veu un home a prop d'ella amb una màscara de Spiderman. Ara la noia camina més de pressa i gira a mà esquerra, i també ho fa l'home aranya, i també ho fa el robot. La noia es torna a girar. Té l'Spiderman a tocar. Però arriba al portal de casa seva. Ara no troba la clau. L'Spiderman té temps d'atacar-la. Però no ho fa. L'observa, mira al seu voltant i es queda parat. En Nicòstrat, més enrere, contempla l'escena i no ho entén. Les seves dades li indiquen que allò no té lògica. Finalment, la noia troba la clau, obre la porta i entra corrent al vestíbul de l'edifici. L'home amb la màscara de Spiderman es gira de seguida i continua caminant pels carrers foscos d'aquell barri antic. El robot el segueix.

Mentrestant en Quim continua observant les noies, que són dins la cerveseria.

—I l'altra possibilitat? —pregunta la Marta.
—És un pis que té tres habitacions —respon l'Elisenda— i dos banys, un de petit i un de més gran. Té un balconet i tot! Em penso que fa 79 m². Està totalment reformat i té aire condicionat. I també val uns mil euros al mes, si fa no fa.

—Està bé, aquest! —exclama la Marta.

—Si es compara amb l'altre sí, però és als afores de la ciutat. Bastant lluny.

I el temps passa i no s'hi pot fer res. Perquè els segons es casen amb el minuts i es converteixen en hores que se'n van de viatge de noces a Hawaii i no tornen mai més. La Marta i l'Elisenda ara s'acomiaden. En Quim obre molt els ulls. Observa la Marta, que surt del bar. El noi comença a caminar darrere seu. Ara la noia travessa el barri antic de la ciutat. I també ho fan l'home dels cabells tenyits de ros i en Nicòstrat.

La Marta accelera el pas. Els carrers són solitaris i foscos i vol arribar a casa de seguida. En Quim cada vegada és més a prop d'ella. Hi vol tornar a parlar. Li vol dir que l'estima. Que es va equivocar tancant-li la porta als nassos. I la vol agafar abans de sortir del barri vell. Ara l'home tenyit de ros veu la Marta, tot i que no sap que es diu Marta, i veu en Quim que la segueix, tot i que no sap que es diu Quim, i hi va al darrere de pressa.

La Marta mira enrere perquè sent passes. Veu un home que treu una navalla d'una butxaca i que comença a córrer cap a ella. La noia crida, però el seu crit de seguida queda ofegat per la mà d'en Quim, que li tapa la boca i l'arrossega fins a un portal vell i fosc.

—Desgraciada! Mira què em fas fer! —en Quim està fora de si, pega a la noia—. Que no veus que t'estimo! Ja t'ho vaig dir! Per què em vas tancar la porta, eh? Et vas riure de mi, oi? Segur que et vas riure de mi després de deixar-me darrere la porta, al replà! —la Marta intenta fugir, però el noi li pega sense pietat.

L'home de Spiderman corre cap al portal. Fica la mà a la butxaca i agafa el ganivet gran de carnisseria.

—I segur que també ho vas explicar a les teves amigues! —en Quim colpeja la noia, que perd els sentits—. I vau riure de valent, oi? Doncs ara veuràs quant t'estimo! —en Quim comença a esquinçar-li la roba—. Prepara't!

Però llavors en Quim sent que algú s'acosta. Es gira. Veu, no s'ho pot creure, l'Spiderman, l'home aranya, amb un ganivet enorme a la mà, que se li llança al damunt. Cauen a terra. Rodolen. L'home tenyit de ros, que té la cara i els cabells tapats amb la màscara del superheroi, ara és a sobre del violador i li intenta clavar el ganivet, però en Quim reacciona a temps i li agafa la mà i fa força per evitar-ho. Ara li dóna un cop de puny i l'Spiderman cau a terra adolorit. Els superherois ja no són el que eren. El ganivet cau a terra. En Quim l'agafa. Apunta al cor de l'home aranya i deixa anar el braç amb totes les forces.

Una mà metàl·lica apareix en l'últim moment i, gràcies a un

moviment ràpid i precís, agafa el braç d'en Quim. La punta del ganivet queda a un centímetre del cos de l'home tenyit de ros. El violador alça la mirada. Veu un home amb una màscara d'avi. No s'ho pot creure.

—I tu qui ets? —pregunta, espantat.
—En Nicòstrat. Em dic Nicòstrat.

I el robot li dóna un cop de puny que el tomba i el deixa inconscient.

—Gràcies. Ja em veia mort —diu l'Spiderman des de terra—. És el violador del barri! Feia temps que el buscava!
—Calla! —crida en Nicòstrat—. Apuja't la màscara i ensenya'm les dents!
—Què?! —diu l'home aranya, sorprès.
—Fes el que et dic! —exclama el robot.

L'home tenyit de ros li ensenya les dents. En Nicòstrat es fixa especialment en els ullals. Milers de pel·lícules de Dràcula li passen pel seu cervell artificial.

Zzzzzzzzzz (escàner d'anada).

Zzzzzzzzzz (escàner de tornada).

El robot ara fa que no amb el cap i li abaixa la màscara.

—Les meves dades m'indiquen que no ets cap vampir —diu en Nicòstrat, més tranquil.
—Eh? Mmmm... No, jo no... ho sóc —diu l'home de Spiderman, que no entén gaire el que diu aquell home disfressat d'avi.
—Et vaig seguint des de casa teva perquè em pensava que eres un vampir... I ara resulta que no... Però, així, doncs... qui ets tu? Per què ho fas, això de perseguir violadors?! —pregunta el robot.
—Jo... Fa tres anys vivia a un altre lloc. Van violar i assassinar la meva dona. I em moria de pena i d'amargor. Després vaig venir a viure aquí per començar una nova vida. Però dir viure és un dir: no sóc feliç. No m'ho puc treure del cap. Per això des de llavors que em dedico a recórrer carrers per trobar malparits com aquest —diu

l'Spiderman mentre assenyala en Quim.

—Però això és molt perillós. Avui gairebé hi perds tu la vida.

—Ja ho sé.

—No és la manera. No ets cap superheroi —diu en Nicòstrat.

—I doncs? Què he de fer?

—Res. Les meves dades m'indiquen que això és cosa de la policia.

—I les teves dades no t'indiquen que no n'hi havia cap ni un enlloc?!

En Nicòstrat repassa mentalment i electrònicament les imatges de tota la nit i s'adona que no, que no n'hi havia cap, de policia. Després, com que veu que en Quim es comença a despertar, treu una corda de l'abric i el lliga al portal, després li posa un mocador a la boca. La Marta es comença a despertar, també.

—Truca als Mossos —diu en Nicòstrat a l'Spiderman—. Té —el robot disfressat d'avi li dóna un *pen drive*.

—Què és, això?

—Un llapis de memòria USB. Dins hi ha les imatges de l'atac del violador a la noia. Estan enregistrades. Serveixen de prova per tancar-lo. Adéu.

—Adéu... Gràcies... amic...

En Nicòstrat deixa enrere l'Spiderman, que encara el mira assegut a terra amb la boca oberta, i en Quim, que comença a moure's i intenta cridar, i la Marta, que ara s'aixeca i mira l'home disfressat de Spiderman i s'hi acosta i li diu «gràcies, gràcies, gràcies...» i pensa «és el meu heroi, el meu superheroi!», i s'imagina un noi jove i maco, i li treu la màscara i hi troba gairebé un vell, amb la mirada trista i els cabells tenyits de ros. La Marta torna a dir «gràcies», sincerament agraïda, però ara menys emocionada.

Capítol 14

L'experiment

L'endemà, la notícia s'escampa per tot el país. Tant a la ràdio com a la televisió es fan programes especials per parlar de la detenció del violador gràcies a un heroi disfressat de superheroi. I, pel que assegura l'home tenyit de ros, també gràcies a un personatge misteriós: algú disfressat d'avi que anava per aquells carrers abandonats, buscant vampirs.

Quan la Rut, que té la ràdio engegada a la cuina, escolta la notícia, mira en Nicòstrat i somriu. El robot, que neteja els armaris de la cuina, es gira, la mira i, robòticament, s'arronsa d'espatlles.

—Cas resolt —diu, i fa un «he, he, he» electrònic que cada cop sona més humà. En Nicòstrat s'atura un moment i mira per la finestra.
—Què mires? —pregunta la Rut—. La gent?
—No —respon en Nicòstrat—. Miro i no miro. En realitat, només penso... en el passat... i en el que m'espera...
—Què vols dir? Tu... tens un passat?
—Sí —el robot no es gira, continua mirant el cel blau a través de la finestra—. Jo no vaig néixer quan vaig arribar a aquesta casa. Les meves dades m'indiquen que em van posar en funcionament fa gairebé dos anys. Als Estats Units. Em vaig despertar dins una sala buida, envoltada de miralls. Ells em veien des del darrere.
—Ells?
—Científics que m'observaven dia i nit.
—T'hi van tenir tancat dos anys?!
—Sí.
—Però... per què?

* * *

En Ramon Rabell esmorza en aquell mateix moment amb en Falgar i dos nord-americans. En Rabell és maco i alt i fort i trempat, i per això i perquè és molt intel·ligent sempre és al costat d'en Falgar, el cap, quan hi ha converses importants. La Gemma Carrasco, una de les seves companyes, l'estima d'amagat perquè l'admira. En Magí Alerm, un altre company, l'odia perquè li té enveja i perquè sap que la Gemma n'està enamorada. A en Falgar no li agrada gaire tenir-lo al costat perquè té por de perdre el lloc de privilegi que ocupa; per això li va agradar especialment enviar-lo al psiquiàtric.

Ara parlen del robot. En Donald McDonald els explica quan el van crear. En Luke Skybroker és al seu costat, en silenci. Només beu cervesa.

—Sí. El vam tenir tancat dos anys a una sala de vidre —diu en McDonald.
—Per què? —pregunta en Ramon Rabell.
—És un experiment. Volíem veure'n les reaccions. És un robot únic al món: penseu que el superordinador MareNostrum que teníu aquí és com un Hit Bit de Sony de 64 Kb si es compara amb aquest androide. Per primera vegada a la història vam aconseguir una intel·ligència artificial completament humana. Ja no ens calia tancar ningú enlloc per comprovar el comportament d'una persona aïllada del món.
—Amb quin objectiu? —va preguntar en Falgar.
—El planeta Mart. Hi estem preparant un viatge amb astronautes. Un viatge llarg i perillós en què l'ésser humà es pot sentir massa lluny de casa i massa sol.
—Com un ratolí de laboratori, vaja! —va afegir-hi en Ramon Rabell.

* * *

La Rut es posa les mans al cap, però no deixa de mirar el robot. En Nicòstrat fa la veu més dèbil. No plora perquè no està preparat per fer-ho.

—Doncs sí. Les meves dades m'indiquen que tens raó, Rut. Jo era com un ratolí de laboratori... ho vaig passar molt malament. Però només el primer any.

—Què va passar després?

—Em van començar a parlar. Em van introduir dades, imatges, pel·lícules, documentals... Vaig conèixer el món i les persones virtualment. Jo vaig demanar-los sortir, però no em van fer cas. Un dia, quan ja no tenia ganes de viure, em van obrir la porta i vaig poder sortir a l'exterior. Llavors van començar a preparar-me per a la guerra i per a missions científiques...

* * *

En McDonald continua parlant. L'Skybroker no para de beure cervesa. En Falgar i en Ramon Rabell l'escolten amb molta atenció.

—Més endavant, el vam treure de la sala. I es va emocionar... —en McDonald somriu, orgullós— com una persona... Era el primer cop que veia éssers humans. Ell es pensava que ho era, però li vam explicar que no, que només era un robot al servei de la humanitat. I... després d'una missió a l'Afganistan que va anar molt bé, el vam enviar cap aquí.

* * *

La Rut escolta atentament les paraules d'en Nicòstrat.

—Em volen per a les pitjors feines... Em van fer venir aquí per fer experiments perillosos amb el sincrotró Alba de Cerdanyola del Vallès. Ja m'entens, per evitar el risc per a qualsevol persona... I també em volen fer servir per a alguna cosa relacionada amb un cementiri nuclear pendent d'ubicació... No sé què pot passar!

—Nicòstrat, fuig, escapa't —diu la Rut, seriosa.

—I on puc anar? —diu el robot.

—El món és molt gran i en coneixes tots els racons. A tu no et poden trobar si no vols... precisament per com et van crear.

—Les meves dades m'indiquen que tornes a tenir raó, Rut... —en Nicòstrat ara mira per la finestra, pensatiu. Al cap d'uns segons torna a parlar—. A més, potser sí que sóc com una persona...

—És clar que sí! Ja t'ho deia, jo! Si penses i parles igual que una persona! L'únic que has de fer és deixar de dir «les meves dades m'indiquen...»!

—Sí, és veritat —diu en Nicòstrat mentre fa que sí amb el cap.

—Però... Com és, aquest canvi d'opinió? —pregunta la Rut amb els ulls brillants.

—Perquè les meves dad... perdó —en Nicòstrat es gira i la mira—, perquè tinc por, Rut. Ara, amb vosaltres, em sento feliç. I tinc por. M'adono que tinc molta por de perdre-ho. De perdre-us.

* * *

Al vespre, en Vicenç és al sofà. Mira el telenotícies. La Rut ara acaba de fer el sopar. En Nicòstrat va de la cuina al menjador i a l'inrevés diverses vegades: porta plats i culleres, i forquilles i ganivets, i gots i vi, i canelons casolans amb beixamel. En Vicenç, quan els veu, s'aixeca i seu a taula. Just en aquell moment, en Ramon Pellicer, un dels presentadors del telenotícies, acaba la narració d'un fet que crida l'atenció d'en Nicòstrat.

«Finalment, després d'un judici molt ràpid i tens, Manel Vila Vulpellac i Daniel Escobar Correa són considerats culpables i condemnats a trenta anys de presó pel cas del robot nuclear desaparegut. Demà mateix pot tenir lloc el seu ingrés a la presó de la Roca del Vallès. De tota manera, fonts del govern nord-americà asseguren que volen fer les gestions necessàries per endur-se'ls als Estats Units i aplicar-los, com a mínim, la cadena perpètua o, com a màxim, la pena de mort».

La notícia s'acaba i ara sona la música dels esports, però en Nicòstrat encara està parat davant la tele i la mira, la mira, la mira...

—Ei, Sr. Nicòstrat! —crida en Vicenç—. Què passa? T'agrada la música del telenotícies, eh? —en Nicòstrat el mira molt enfadat—. Per què no la balles? Ha, ha, ha! Va, vés a la cuina, talla una mica de pa i porta'l.

En Nicòstrat li vol dir moltes coses lletges, i en vol fer unes altres de violentes, però no, no ho fa, perquè ell ara ja sap que és com una persona i vol actuar en conseqüència.

Capítol 15

Una màquina

Divendres al migdia, una furgoneta i un cotxe dels Mossos d'Esquadra s'aturen al carrer de Duran i Borrell. En baixen un munt de policies silenciosament. A un balcó hi ha una dona que s'emociona i diu als seus fills: «Mireu, nens, és la nostra policia! De grans heu de ser mossos d'esquadra!». I el nen que respon: «Però jo vull ser advocat, com el papa!», i la nena: «I jo, guia turística, com la tieta!». Els mossos entren per la força a l'edifici, pugen amb l'ascensor fins al tercer pis, un d'ells mira un paper i condueix els altres fins a la tercera porta i diu: «És aquí». Els altres mossos rebenten la porta i entren al pis molt de pressa. Dins hi ha un matrimoni que els mira molt estranyats i espantats.

—Però... què... volen? —diu l'home, mentre la dona comença a cridar i a plorar.

—Busquem el robot! On és?! —pregunta violentament el mosso que té el paper a les mans.

—Allà —respon l'home, que assenyala un racó del menjador.

Tots els mossos, grans i petits, alts i baixos, pentinats i despentinats, corren cap allà amb les pistoles i metralletes. Però al racó només hi ha un robot aspiradora, circular, blanc i negre, petit, que ara recarrega la bateria.

—Merda! No és aquí! —crida el cap dels Mossos mentre els altres respiren tranquils—. Marxem! —quan estan a punt de sortir el mosso es gira i s'adreça al matrimoni mentre assenyala la porta que hi ha a terra—. Això ho paga el Govern. Només cal trucar al 012 o connectar-se a gencat.cat. Adéu, bon dia.

La dona deixa de plorar i l'home fa que sí amb el cap i aixeca una mica la mà per dir adéu.

El mosso ratlla al paper l'adreça de Duran i Borrell. Llavors contacta per telèfon amb el seu cap.

—I doncs? Com va?
—Malament. Aquí tampoc.
—Quants llocs et queden?
—Deu.
—Bé, cal tenir paciència. Endavant, no us atureu!
—No, senyor. Ja ens posem en marxa.

I és que l'empresa de robots aspiradora va enviar dels Estats Units a Catalunya cinquanta robots que van coincidir en l'avió on anava en Nicòstrat, de manera que la policia té una llista de cinquanta adreces on pot haver anat el robot nuclear. I des de dilluns que les comprova una per una.

Mentrestant, en Nicòstrat mira la disfressa de l'Ermengol a través del mirall del rebedor.

—Què et sembla? És guai, oi? —diu el noi.
—Sí. Però tant de rosa i vermell i negre... i els talons i la perruca... et trobo una mica estrany.
—Què no t'agraden, les drag-queens?
—Sí, sí... De fet, no sabia com eren fins ara... Escolta, així, en aquestes festes que feu hi ha nenes?
—Sí, i tant, nenes maques i lletges... he, he, he, ara que... nenes robot no crec que...
—I alcohol?
—Sí..., però tu no pots beure, oi?
—No, no, ho pregunto perquè m'agrada saber l'ambient que hi ha i tal, ja m'entens. No m'agrada el rotllo avorrit.
—Ah, doncs tranquil, segur que n'hi ha, segur...
—I... altres coses?
—Altres coses? —a l'Ermengol li canvia l'expressió de la cara. Ara el mira amb desconfiança.
—Sí... no ho sé... coses per fumar i pastilles...

—Ah. Bé, hi ha gent que en té, però són pocs. Jo no en prenc mai.

—I tu no en tens?

—No. Per què m'ho preguntes, això?

—No, per res... És que, entre altres coses, sóc un robot antidrogues. Em van programar per agafar i empresonar la gent que ven drogues. Però també els qui en porten a sobre i en prenen.

—I com els descobreixes?

—Tinc uns sensors especials per detectar-ne la presència a qualsevol lloc: un calaix, una butxaca... fins i tot a la sang.

—Ostres! Quina passada! —crida el noi.

L'Ermengol riu. En Nicòstrat riu. L'Ermengol diu «ara vinc» i va un moment a la seva habitació. Mira enrere per comprovar que no hi ha el robot darrere seu. Obre un calaix. Busca al fons, sota els papers, una bosseta. La troba. És plena d'haixix. La mira. Pensa en els diners que li va costar. Respira fondo. Obre la finestra i la llença.

* * *

Pim, pam, pim, pam... mans enlaire i mans avall. Així sona la música màquina a la festa de l'Ermengol, que es fa a la casa d'un amic, als afores, i així la balla en Nicòstrat ara, emocionat, al centre de la pista de ball, al menjador. Efectivament, els nois i les noies flipen veient l'agilitat i els moviments robòtics, precisos i ràpids, d'aquell noi disfressat del robot nuclear que busca la policia.

I l'un que diu:

—És una màquina de la música màquina!

I un altre exclama:

—Huala! És com un robot de veritat!

I una noia que no pot deixar de dir:

—Deu estar boníssim!

Pim, pam, pim, pam... peus enlaire, peus avall.

Al cap d'una estona, el robot deixa de ballar i comença a fer preguntes als joves.

—Teniu amfetes? Teniu maria?

I l'una que diu:

—Ostres, com hi va, aquest!

I l'altre que respon:

—No, no, si en vols, digue-ho a aquell d'allà.

I «aquell d'allà» li respon:

—Sí, és clar, a bon preu, maco. Vine, anem a un lloc més solitari.

El robot parla amb ell, allarga la conversa, li pregunta moltes coses, en grava tots els detalls.

Més tard, en Nicòstrat torna al centre de la pista de ball.

Pim, pam, pim, pam... antenes enlaire, antenes avall. És el rei de la festa.

Quan, a les sis de la matinada, l'Ermengol i en Nicòstrat arriben a casa, la Rut surt de l'habitació de matrimoni en silenci i camina pel passadís cap al rebedor. De fons se sent en Vicenç, que ronca. Els mira ben desperta. Va vestida. Els estava esperant.

Just en aquell mateix moment i gràcies a una trucada anònima de fa mitja hora, els Mossos d'Esquadra troben, al jardí de l'amic de l'Ermengol, un home lligat i amb la boca tapada darrere d'un arbust. L'identifiquen a l'instant: és un camell que fa temps que buscaven. Al cap hi té enganxat un *pen drive*.

CAPÍTOL 16

L'home a la Lluna

—Però què fas així?! —exclama en Nicòstrat al rebedor quan veu vestida la Rut.

—Què vols dir?! Coi! Que no ho veus? Marxem! —diu la Rut.

—On anem, mama? —pregunta la Martina, que es rasca un ull perquè té molta son.

—No ho sé. Lluny d'aquí —diu la Rut.

—Però, Rut, sóc jo qui ha de marxar!

—I jo no? Què hi fem nosaltres en aquesta casa amb aquella bèstia, eh? —diu mentre assenyala cap a l'habitació de matrimoni, al fons del pis, d'on surten els roncs del dinosaure Vicenç—. Em vas preguntar: «Per què no t'estimes més?», i això és exactament el que faig ara: estimar-me d'una vegada!

—Marxem?! De veritat?! Que guai! —exclama l'Ermengol.

—Ssss! No cridis, que pots despertar el teu pare! —diu la Rut.

—Però... —en Nicòstrat no sap què dir.

—Jo també vull fugir. Els meus fills i jo mereixem una vida millor.

—Mama, tinc gana —diu la Martina.

—Espera't una mica. Quan marxem, al cotxe, et puc donar el pit.

—Però... I de què penseu viure?! A mi no em cal, però a vosaltres... potser... —diu en Nicòstrat.

—Què passa? Que no ens hi vols, al teu costat?! —diu la Rut.

—Sí, és clar que sí! —diu en Nicòstrat.

—Doncs cap problema. Ens espavilem i punt! Confiem en tu! —diu la Rut.

—Sí! Confiem en tu! —exclamen la Martina i l'Ermengol alhora, emocionats.

—Va! Marxem! Dins la cuina tinc tot de cistells i bosses plens de menjar i begudes. Nicòstrat! Ermengol! Carregueu el cotxe! És l'hora de lluitar per una nova vida, l'hora de la llibertat! —exclama la Rut mentre tanca el puny i en Nicòstrat ja comença a treure paquets de la cuina.

Al cap de mitja hora, surten del pàrquing i comencen a travessar carrers. En Nicòstrat condueix disfressat d'avi, l'Ermengol és al darrere, igual que la Martina, que ara seu a la falda de la mare i comença a xuclar del pit.

—Xrrup, xrrup.
—Cap on vaig? —pregunta en Nicòstrat.
—Ara gira a la dreta —diu la Rut.
—Xrrup, xrrup.
—Tot recte —hi afegeix la Rut—. I després a mà esquerra, és el número 9.
—Potser s'espanta... —diu en Nicòstrat.
—No, tranquil, ja ho sap. La vaig avisar ahir a la nit —diu la Rut.

En Nicòstrat puja al pis de la Milagros i agafa les seves maletes. Ella, quan el veu, tot i que porta la roba del seu exmarit i una màscara

d'avi, somriu i l'abraça i li fa un petó a la galta. En Nicòstrat li dóna la mà, la mira i li diu: «Som-hi, Milagros. Prepara't per a una gran aventura». Baixen al carrer. Pugen al cotxe, que és familiar però està ple a vessar. Es posen en marxa.

—Cap on anem? —pregunta la Rut a en Nicòstrat.
—Ho he d'acabar de pensar... Ara som uns fugitius... —diu mentre condueix per sortir de la ciutat, per agafar l'autopista.
—Busca un lloc segur —diu la Rut.
—No és fàcil —diu en Nicòstrat.
—Un lloc molt lluny d'aquí per començar una nova vida —diu la Rut.
—Nena, deixa'l pensar tranquil! —diu la Milagros a la seva filla.
—Xrrup, xrrup —fa la Martina.
—Lluny! Lluny! Lluny! —crida l'Ermengol.
—Mireu, us vull dir una cosa —diu en Nicòstrat—. De moment el que sí que sé és que anem cap a la Roca del Vallès.
—Per què? —pregunta primer la Rut, després l'Ermengol, mentre la Milagros el mira estranyada i la Martina deixa de mamar.
—Perquè hi ha dues persones que em necessiten. Elles em van donar la llibertat i jo els la vull donar a elles.

Una setmana més tard, truquen a la porta. En Vicenç s'aixeca del llit. Fa mala cara. Des que es va quedar sol, no es pentina, no s'afaita, no es dutxa, no es canvia de roba. De fet, té la baixa laboral i no treballa, només dorm i plora i fuma. Té el pis molt desendreçat i brut. A la cuina ja no hi ha menjar. Només aigua. I plats bruts. Tornen a trucar al timbre. En Vicenç obre la porta.

—Hola, Vicenç, noi... Com estàs? —diu en Salvador, preocupat.
—Malament... molt malament... —diu en Vicenç, que es posa a plorar i l'abraça, suat com va.
—Em sap greu —diu la Wendy, que ara entra al pis.
—Em va deixar per un robot... per un robot... —diu en Vicenç, que està molt prim.

En Salvador i la Wendy parlen amb en Vicenç. El convencen que no pot continuar així. Finalment, en Vicenç es dutxa, s'afaita i s'arregla. Surten al carrer.

—Vine, Vicenç. Vine amb nosaltres. Et volem ensenyar una cosa —diu en Salvador al seu amic mentre caminen—. Mira —en Salvador i la Wendy s'aturen—. Això és un supermercat —diu en Salvador mentre l'assenyala.

Ja a dins, en Vicenç té la boca oberta. No es recordava que hi havia comerços tan grans plens de menjar, begudes i altres coses. Comencen a caminar pels passadissos del supermercat. En Salvador i la Wendy ho expliquen tot a en Vicenç, detalladament.

—I això —diu en Salvador— són ous. Ho veus? D'aquí surten les truites i els ous ferrats.
—Ah, sí? —en Vicenç ara encara té la boca més oberta.
—Allà hi ha les verdures —diu la Wendy mentre assenyala el lloc on hi ha els tomàquets, les cebes, els enciams i les pastanagues.
—Allà hi ha el peix i el marisc —explica en Salvador.
—Ho veus? Aquí hi ha la llet. Un munt de marques —continua la Wendy.
—Sí, sí, aquí venen vi. És allà baix —diu en Salvador.
—No, no, de tabac, no en venen —contesta la Wendy.

En Vicenç al cap d'una estona ja no diu res. Els escolta. Arriba un punt que no sap si és capaç d'assumir tanta informació de cop.

—Mel.
—Xocolata.
—Patates.
—Pa.

Quan arriben a casa, amb dos carretons d'anar a comprar ben plens, en Vicenç està mentalment molt i molt cansat. Seu al sofà i engega el televisor. En Salvador i la Wendy són a la cuina perquè preparen el dinar. Ara en Salvador va cap al menjador per mirar com està el seu amic. Just llavors comença el Telenotícies migdia. En veuen un dels titulars.

PERDEN LA PISTA DEL ROBOT NUCLEAR

En Vicenç mira el seu amic.

—Encara et vols casar amb la Wendy?
—Sí, és clar.
—I encara tens el Juanito?
—Sí. Per què?
—Doncs desfeu-vos d'ell! Llenceu aquest maleït robot! —crida en Vicenç—. Et podria deixar per ell!
—Però, Vicenç —diu en Salvador—, aquest robot és diferent... Només és una aspiradora...
—No te'n pots refiar... no te'n pots refiar... —diu en Vicenç.

Ara mateix expliquen la notícia i en Vicenç i en Salvador l'escolten amb atenció. L'última vegada que van veure els set fugitius, el robot, la Rut, la mare, els dos fills, en Vila Vulpellac i l'Escobar

Correa va ser a El Pueyo de Araguás, un poblet aragonès molt petit. Fa tres dies, d'això. Des de llavors no se'n sap res. El Govern espanyol es planteja la intervenció immediata de l'exèrcit. Els nord-americans ja fa dies que tenen el seu exèrcit a punt de desembarcar.

Quan s'acaba la notícia, en Salvador mira el seu amic.

—Però, Vicenç, tu sempre mires la tele... No vas veure que cada dia posaven la foto del robot als telenotícies?
—És que... —diu en Vicenç, trist— jo no miro mai les notícies... Els esports sí, i documentals d'animals, i pel·lícules, però les notícies... «sempre diuen el mateix», deia jo, i mira... es veu que no...
—No, no sempre...

Després de dinar, mentre encara seuen a taula, la Wendy mira en Salvador, i en Salvador li fa que sí amb el cap.

—Vicenç —diu en Salvador—, ara vull que fem una cosa.
—Què passa? Què hem de fer? —pregunta en Vicenç, espantat.
—Té —en Salvador agafa el seu plat, l'aixeca i l'hi dóna—. Porta'l a la cuina.
—Qui? Jo? —pregunta en Vicenç, sorprès.
—Sí. Tu. És necessari.

En Vicenç ho fa. Pateix, però ho fa. Entre tots porten els plats a la cuina.

—Estàs cansat? —pregunta en Salvador al seu amic.
—Sí, molt... és la primera vegada —respon en Vicenç.
—Escolta'm bé: nosaltres ara marxem, però segur que aquesta setmana tornem per veure't, eh?
—D'acord, no us preocupeu. Estic bé.
—Sí, però tens la cuina fatal. Abans —continua en Salvador— et volem ensenyar a rentar els plats.
—Rentar els plats?!

La Wendy li diu el que cal fer i, mentrestant, ho apunta a un paper.

Passos:

1. Omples l'aigüera d'aigua calenta.

2. Hi poses una mica de sabó líquid per als plats.

3. Agafes un fregall, que és allò que serveix per fregar, vas rentant cada plat i els deixes dins l'aigüera.

4. Quan són tots nets, buides l'aigüera i esbandeixes els plats, és a dir, en treus el sabó amb aigua.

5. Els penges a l'escorreplats, que és aquell invent que serveix per posar els plats en vertical.

—Però... Jo... —en Vicenç està desorientat—. Jo no sé si puc fer tot això!

—És clar que sí! —diu la Wendy.

—I per què no? —pregunta en Salvador—. L'aprenentatge pot ser llarg, és cert, a mi em va costar un temps... però pensa que l'ésser humà va arribar a la Lluna, i això vol dir que som capaços de tot.

Quan en Vicenç tanca la porta i es queda sol, no s'atreveix a mirar cap a la cuina. Ell és dels que pensa que allò de l'Apollo-11 va ser un frau a la humanitat. Però es gira i, primer una passa i després l'altra, finalment entra a la cuina. Ara té un munt de plats bruts al davant. A un costat, hi ha les instruccions escrites. Les torna a llegir. Quan acaba, gairebé sense voler, es llança a l'aventura. A poc a poc, acosta la mà a l'aixeta. I l'obre una mica. I en surt aigua. I l'aigüera s'omple d'aigua calenta. Llavors, agafa el fregall amb una mà. Fa «Ecsssss!», però no el deixa anar. I ara mira el Mistol. I li planta cara. I per dins li diu de tot menys guapo, però amb l'altra mà l'agafa amb força. I el posa de cap per avall. El sabó líquid cau dins l'aigua de l'aigüera i damunt el fregall. I ara deixa el Mistol. I mira cap a un costat i cap a l'altre de la cuina. Li costa molt. Però tanca els ulls i es concentra. I els obre. I està molt nerviós, perquè ara, gairebé no s'ho creu, comença a fregar un plat, el primer de la seva vida.